编委会成员

孙笑竹	李珊珊	庄伊伟	李晓蕾	陈 妍	陈 月
甘文强	郭会燕	何旭文	李雅婷	李志亮	梁 莎
刘 普	罗凯波	罗文灿	孟为政	闵 芮	牟晓彤
钱露露	宋岩岩	唐甜甜	陶美汝	田希聪	王利琴
王 梁	王 璐	王倩文	王思琪	王御凰	邬秋月
吴昊天	吴世博	夏 晶	肖 盼	袁紫薇	张 晗
张兆娣	郑凯凌	周 健	周世雯	邹一宁	

安家

99个故事教您买卖二手房

一看就懂的房屋交易实战攻略

贝壳找房

编著

中国法治出版社
CHINA LEGAL PUBLISHING HOUSE

序

1998年，我国全面推行城镇住房制度改革，宣告住房实物分配时代的落幕，开启住房分配货币化的新篇。自此，住房作为市场经济中关键且不可或缺的商品，推动房地产市场进入快速发展的轨道。历经二十余载的蓬勃发展，中国房地产市场规模遥遥领先于其他商品市场。

住房交易，一端连着千家万户的日常生活，一端系着宏观经济的起伏脉搏，其发展态势时刻牵动着社会的神经，备受各方关注。伴随房地产市场的转型升级，行业从开发主导时代迈向流通主导时代，二手房交易量日益攀升，逐渐超越新房，成为房地产市场的主力军。然而，二手房交易有着更强的非标属性，买卖双方多为高度分散的自然人，这使得交易中的纠纷与风险如影随形，成为购房者与售房者共同面临的棘手难题。若这些纠纷得不到妥善化解，不仅会让交易当事人遭受经济损失，还可能对社会的和谐稳定构成威胁。因此，构建一个稳定有序的二手房交易市场，对维护社会秩序、促进社会和谐发展意义重大。

在二手房交易领域，法律法规是普通消费者捍卫自身合法权益的有力武器，也是促使交易各方诚信履约的重要准则，为二手房交易的平稳顺畅提供坚实保障。但不可否认，对于普通消费者而言，运用二手房交易相关法律知识去精准识别和有效防范交易风险，存在一定的难度。

案例，是法律实践的鲜活呈现，是法律理论的具象应用。为了帮助消费者深入了解二手房交易法律法规，有效防范二手房交易纠纷风险，这本书应运而生。本书以案例为载体，将繁杂的法律知识巧妙融入具体的纠纷情境之中，让读者更易于理解和运用。同时，通过对案例的细致解读与剖析，助力读者更好地掌握相关法律法规，提升法律意识与保护自身合法权益的能力。

本书精心收录的案例，均源自二手房交易中真实发生的纠纷，全面涵盖了二手房交易过程中可能遇到的问题，诸如房屋质量纠纷、产权纠纷、违约责任纠纷、中介合同纠纷等，为读者呈上生动的二手房交易场景。借助这些案例，读者能够清晰洞察二手房交易中的风险点，以在实际交易中有效规避类似问题。

衷心希望本书中的案例，能够助力广大消费者在二手房交易过程中树立正确的交易观念，增强自我保护意识，以理性姿态和冷静头脑对待每一次交易。诚挚期盼本书能成为消费者提升风险防范意识的有力助推器，让每一个家庭都能在法律的保护下踏上安居乐业的美好征程。

北京房地产中介行业协会秘书长　赵庆祥
2025 年 1 月 14 日

前言

家，是社会最小的单元；房子，是承载家这一温馨港湾的载体。在中华民族源远流长的传统文化中，"安居乐业"始终占据着重要的位置，人们普遍笃信有房才有家，这种观念镌刻在中国人的集体意识里。买房，无疑是人生中的一件大事。

当前，越来越多的人将买房的目光投向了二手房，这一点在大城市尤为明显，根据中指研究院发布的《2024年三季度中国房地产市场总结与趋势展望》，前三季度重点100城新房成交面积同比下降32%，而重点城市的二手房市场则在"以价换量"及政策优化的带动下，整体保持了一定活跃度，并带动成交同比基本持平。[1]

购房者倾向选择二手房的理由丰富多样，最为显著的有以下几点：一是区位优势凸显。二手房通常位置优越、交通便利、出行方便，周边商场、医院等配套设施较为完善，能全方位满足居民的日常生活需求，给购房者带来极大的便利与舒适。二是选择面更广。房地产市场经过多年的发展，许多城市二手房的房源十分丰富，且涵盖了各个年代和区域，为购房者提供了更多的选择余地。三是即刻入住的便捷性。由于前任业主在居住期间通常已经对房屋进行了精心装修，购房者在完成交易后能够迅速入住，无须经历漫长而烦琐的装修过程，这对于

---

[1] 参见：《2024年三季度中国房地产市场总结与趋势展望》，网址链接：https://news.qq.com/rain/a/20241004A00YS100，2024年12月4日11：00访问。

有急切居住需求的购房者而言，无疑是一项极具吸引力的优势。

然而，在购买或者出售二手房时，你是否遇到了一些难题？

比如：等到入住之后，才发现买的房子不是这儿漏水就是那儿漏水，好好的房子变成了"水帘洞"……

比如：为孩子上学买的学区房，学位却不翼而飞……

比如：买房时赠送的小花园，却被有关部门说是违建，必须拆除……

又如：签合同的时候说得好好的，结果出售方的配偶突然说不卖了……

再如：为了实现"拎包入住"，为房子的家具和装修多付了一大笔钱，结果交房时家徒四壁，所有家具都消失了……

以上风险在房屋买卖纠纷的真实案例中屡见不鲜。本书中的案例是作者团队从上万个真实案例中精选出具有典型性的案例，为了方便读者阅读和保护隐私，改编成便于读者理解的小故事。让您在阅读故事中学习房屋买卖的实战经验。

对大多数中国人来说，一生中房屋交易的次数寥寥无几，每一次购房、售房都是一次重大的决策，关系着家庭的未来走向，影响着家庭的生活体验。而二手房交易周期通常较为漫长，流程复杂且专业性要求较高，与此同时，交易所需资金往往数额巨大，一旦发生这些风险，劳神费力不说，购房者多年的积攒还有可能付之一空。

那么，在充满机遇与挑战的二手房交易市场中，购买方如何慧眼识珠，买到一套好房子？出售方又该如何避免自己陷入违约的泥沼、顺利卖房呢？如果委托中介来买房、卖房，又该如何与中介打交道，把自己的风险降到最低呢？

相信读完本书后，您会找到满意的答案。

目录

专题一　我有一套房子，准备挂在中介卖 / 001

案例一　委托中介卖房时，到底留不留钥匙？/ 001

案例二　留钥匙要注意，有隐患，先维修 / 004

案例三　钥匙"不翼而飞"，谁之过？/ 005

风险提示 / 006

专题二　不实地看房就签约，劝你不要这么做 / 009

案例一　买房只看同户型，误判房情损万金！/ 010

案例二　不实地看房，能买到心仪的房子吗？/ 012

风险提示 / 013

专题三　划重点！看房一定要看这几点 / 015

案例一　看房太匆忙，白蚁令人忙 / 015

案例二　房屋朝向若有疑，看房当时早提及 / 018

案例三　若要房屋采光好，实地看房要多跑 / 020

案例四　房屋面积有差异，"差之毫厘，谬以千里" / 022

案例五　忽大忽小的水流，难以诉说的委屈 / 024

风险提示 / 026

专题四　什么？看房过程也有"安全"问题？ / 028

案例一　不请自入，后果自负 / 028

案例二　看房路途千万条，安全抵达第一条 / 030

风险提示 / 031

专题五　房子有"改建"，买前请三思 / 033

案例一　看房买房要仔细，随意毁约损失大 / 034

案例二　"三房"变"两房"，能说不买就不买吗？/ 035

案例三　自建的阳光房，并非解约的正当事由 / 037

案例四　露台虽好，违建要拆除 / 040

风险提示 / 041

专题六　注意！看房时你观察周围环境了吗？ / 043

案例一　房子附近有公厕，看房时没有异议，签约后不能反悔 / 043

案例二　"婚房"变"忧房"，殡仪馆旁的喜与悲 / 045

案例三　楼下是烧烤摊，你能接受吗？/ 047

案例四　午夜电梯惊魂，谁来守护我的一夜好梦？/ 049

风险提示 / 051

目录

专题七 闹心的近邻，不符的楼龄 / 053

案例一 邻居突然攻击我，不堪其扰，这样的房子能退吗？/ 053

案例二 纵使房龄有误解，合同不能任意解 / 056

风险提示 / 058

专题八 地铁房终成"泡影" / 059

案例 小道消息不可信，鲁莽购房终成空 / 059

风险提示 / 061

专题九 定金罚则，了解一下 / 063

案例一 定金协议签署后购买方违约，定金不退还！/ 064

案例二 定金协议签署后出售方违约，双倍返还定金！/ 066

风险提示 / 068

专题十 办理假资质，付出真代价 / 069

案例一 征信状态不良？歪门邪道可走不通！/ 069

案例二 办个假学历买房，能成功吗？/ 073

风险提示 / 075

专题十一 房子不是你想卖，想卖就能卖的 / 077

案例一 未经共有人同意，房子能卖吗？/ 077

案例二　隐瞒婚姻状况卖房，要承担什么责任？／080

案例三　伪造离婚协议就能卖房了？／082

案例四　离异赠给子女的房，未经同意能被卖掉吗？／084

案例五　丧偶未言，巨额违约金背后的故事／086

案例六　国有资产转让需要哪些条件？／088

风险提示／089

专题十二　我没有时间，配偶能帮我卖房吗？　／093

案例一　房子是夫妻共有，卖房的时候配偶不来可不行／093

案例二　瞒着配偶卖房行不通，事后未追认，合同无效／095

案例三　通过视频的方式确认授权委托，会有风险吗？／098

风险提示／100

专题十三　未成年人的房子，可以随便卖吗？　／103

案例一　离婚后，还是监护人／103

案例二　监护人要卖房，未成年人有权拒绝吗？／107

案例三　为谋私利出售未成年人房产，法院判监护人赔偿／110

风险提示／112

专题十四　合理规划还贷，及时注销抵押　／115

案例一　隐瞒抵押售房，耗时又赔钱／115

案例二　抵押无力解，法院判担责／118

风险提示 / 120

专题十五　查封房要不得 / 123

案例一　签前查封，钱房两失 / 124

案例二　没看到房产证，你敢签约吗？/ 126

风险提示 / 128

专题十六　土地使用年限"缩水"要提防，签约之前查周详 / 129

案例一　"不翼而飞"的 20 年 / 129

案例二　故意隐瞒土地使用年限，合同撤销违约担责 / 132

风险提示 / 133

专题十七　税费问题轻松谈：谁承担？优惠怎么享？/ 136

案例一　"突然"多出来的税费，应由谁承担？/ 136

案例二　一波三折的税费维权路 / 138

案例三　"卖一买一"可享退税，税费承担约定清 / 141

风险提示 / 143

专题十八　连环交易要谨慎，环环相扣风险高 / 145

案例一　高估卖房时效，连环交易翻车 / 145

案例二　连环交易履约周期长，出售方要求解约反被判违约 / 147

风险提示 / 150

专题十九　买房带车位，你可得看好了！ / 152

案例一　产权车位无权卖，构成违约赔损失！ / 152

案例二　人防车位是什么？我可以使用吗？ / 154

案例三　永久使用权的车位真的存在吗？ / 156

案例四　不看车位就付款，停不下车怎么办？ / 158

案例五　车位作价"0元"？用不了可就糟了！ / 160

风险提示 / 162

专题二十　不可告人的"凶宅" / 164

案例一　正常的生老病死，房子算"凶宅"吗？ / 164

案例二　"凶宅"不告知，卖房时沉默，需要付出代价 / 167

案例三　认为自己买到了"凶宅"，但怎么退不了呢？ / 169

风险提示 / 171

专题二十一　学位核实需到位，孩子入学更顺利 / 172

案例一　前手业主占学位，核对不慎追悔莫及 / 172

案例二　租客占用学位，业主也没辙？ / 175

案例三　买房切忌急匆匆，突发变数入学落空 / 177

案例四　学位政策"七十二变"，签后核实干瞪眼 / 179

案例五　需要学位签前须约定好，签后强加义务行不通！ / 181

风险提示 / 183

目录

专题二十二　购房前，房屋上的户口需提前核实 / 185

案例一　被前任业主户口"霸占"的学区房 / 185

案例二　迁不出去的户口，谁之过？ / 188

案例三　暂时没收到全部房款，但户口该迁还得迁 / 190

案例四　没时间迁户口，违约须担责 / 192

风险提示 / 194

专题二十三　房子已卖，可别新增抵押权与居住权 / 195

案例一　抵押未销又增抵押，债上加债违约需赔偿 / 195

案例二　居住权说设就设？给交易拦路，要担责 / 197

风险提示 / 199

专题二十四　贷款买房　步步为营 / 202

案例一　征信不过关，贷款贷不成，风险需自担 / 203

案例二　买了房想毁约，通过离职寻求拒贷，不可取 / 205

风险提示 / 208

专题二十五　消失的购房款 / 210

案例一　支付房款需谨慎，警惕他人耍花招 / 210

案例二　引导你先付款后签合同的，大概率是骗子 / 212

案例三　存管账户要认清，随意转账会被坑 / 214

风险提示 / 216

专题二十六　房主欠债未披露，房屋竟然被查封？ / 218

　　案例　大额欠债未披露，签后查封阻交易 / 218

　　风险提示 / 220

专题二十七　口头约定说不清，赔了夫人又折兵 / 222

　　案例　口头约定不明确，易有歧义需谨慎 / 223

　　风险提示 / 225

专题二十八　一房二卖不可取，投机心理终成空 / 226

　　案例一　又来了出价更高的新买家，要不再卖给他？ / 227

　　案例二　房子已抵债，你就不要再买了 / 229

　　风险提示 / 231

专题二十九　物业交割"坑"不少，风险意识要提高 / 233

　　案例一　我好好的红木家具去哪里了？ / 233

　　案例二　承诺减免 10 年的物业费，能信吗？ / 235

　　案例三　公共维修基金有欠付，谁来补缴？ / 237

　　案例四　看到的是智能马桶，怎么交给我的是普通马桶？ / 239

　　风险提示 / 241

目录

专题三十　漏水惹人恼，这些你做对了吗？／243

案例一　签完合同就万事大吉？交房前漏水猝不及防！／244

案例二　签前务必细看房，签后漏水沟通难／246

案例三　顶楼房屋有漏水，可以拒绝收房吗？／247

案例四　搬进新家后发现房屋漏水，真闹心！／249

案例五　侥幸心理隐瞒漏水，结果以赔钱收尾／251

案例六　公共区域的漏水就可以不披露？大错特错！／253

案例七　漏水很显眼，中介应告知！／254

风险提示／257

专题三十一　房屋交付不简单，纠葛不断怎么办？／260

案例一　房屋钥匙交给中介方，就完成交房了吗？／260

案例二　租户还未搬离，能交房吗？／263

案例三　买的房子一年租期变十年，住不进去怎么办？／265

案例四　已经同意延期交房了，还能主张违约金吗？／267

风险提示／269

专题三十二　解约，是想解就能解吗？／271

案例　合同不是想解就能解！／271

风险提示／274

专题三十三　签约须守信，履约诚可贵，违约要担责！／276

案例一　装病拖延逃避义务，这可不是不可抗力！／276

案例二　借名买的房，出名人依然有权出售／279

案例三　卖了房还想加价，你可别给自己找理由了！／281

案例四　重大变故做借口，悔约不买难卸责／283

风险提示／284

专题三十四　看得见的钱，看不见的骗／286

案例　钱款到账看余额，账面金额不可信！／286

风险提示／289

专题一

我有一套房子，准备挂在中介卖

业主在房屋出售过程中，通常会选择委托给中介公司来帮助销售，这样不仅自己省心，也能让自己的房子多一些曝光，加速出售的进程。但是，把房子委托给中介，都需要办理哪些手续？为了看房便利，是否需要把房子的钥匙交给中介？把钥匙放在中介手里，他们能不能照顾好自己的房子？这些都是业主非常关心的实际问题。本专题希望能通过以下案例，让大家知晓在委托中介售房过程中，都有哪些潜在风险，以及当自己有房子需要挂在中介出售时，又需要注意哪些事项。

案例一

委托中介卖房时，到底留不留钥匙？[①]

小李在幸福小区有一套房子，为了置换一套大房子，小李准备把幸福小区的这套房子卖掉，于是找到了中介公司的经纪人老孙。

[①] 本书中的案例均来源于贝壳。选入本书的案例是作者团队从上万个真实案例中精选出具有典型性的案例，为了方便读者阅读和保护隐私，改编成便于读者理解的小故事。让您在阅读故事中学习房屋买卖的实战经验。

老孙告诉小李，如果想要更快地卖掉房子，可以把钥匙留在中介门店，这样如果有客户来看房，可以随时带客户去看小李的房子，也避免如果有客户想看房时约不上小李的时间，错过卖房的好时机。

小李心里有疑惑，老孙在这个行业从业多年，看出了小李的顾虑，立马补充道："别担心，我们会和你签订书面的协议，肯定照看好你的房子，同时，我们门店有钥匙保管的系统，钥匙很安全，谁来借钥匙看房，系统都会登记的；而且现在看房的客户有很多，如果客户想看房时，约不上你的时间，客户可能就看上别的房子了。"

为了快速卖房，小李只好打消了顾虑。2020年9月8日，小李和中介签订了售房协议，委托中介帮忙卖房，并在协议中约定了会留存钥匙，协议签完后，小李交给老孙四把钥匙，方便老孙随时带客户看房，并嘱咐老孙，看房后要记着锁门，家里的物品别丢失。

把钥匙交给老孙之后，小李就开始期待房子能够尽快卖出去。这期间，确实有不少客户来看房，每次看房后，老孙也都把客户看房的情况跟小李一一做了汇报。小李心想，把钥匙留在中介，确实是个不错的选择，免去了一次次陪着看房的烦扰。

但是，2022年12月的一天，正在上班的小李突然接到物业公司的电话，通知他家里房子漏水，淹到楼下邻居家了，让小李赶紧回来处理。小李紧赶慢赶，回到房子一看，发现厨房的水管三角阀破裂导致漏水到楼下，而厨房和卫生间的窗户都敞开着，应该是室内气温过低导致水管三角阀冻裂漏水。

这次漏水，不仅让小李家损失惨重，楼下邻居也是苦不堪言。几番沟通下，小李与楼下邻居始终无法就赔偿事宜达成一致。2022年5

月，邻居怒将小李告上了法庭，要求赔偿自己因漏水产生的经济损失。

法院基于《民法典》① 第二百八十八条相邻关系②的有关约定，判决小李赔偿楼下邻居13200元及诉讼费143元。

小李败诉后，觉得自己受此无妄之灾，比"窦娥"还冤。房子一直都是好好的，怎么会突然漏水？此时小李想起漏水前两天老孙刚好带人看过房子，他猜测是老孙没关窗户，才导致家里漏水；即便不是这个原因，老孙手中也有钥匙，有义务维护房屋安全。

于是，小李也把中介公司告上了法庭，要求中介公司赔偿自己支付给楼下邻居的13343元，加上自己的律师费4000元，以及诉讼费3500元，总共20843元。小李希望通过法律手段，为自己讨回一个公道。

法院审理时，小李又陈述了另一个事实：他听老孙说，把钥匙留在中介公司可以快速地把房子卖出去；所以为了加快房屋出售速度，小李除了把钥匙交给老孙之外，还把钥匙放在了其他中介手里，而且小李自己手里也有钥匙。

法庭上，小李没有什么证据可以证明是老孙忘记关窗导致了漏水，也不能证明窗户未关和三角阀破裂之间有必然的联系。基于上述原因，法院认为小李的损失和老孙的中介服务之间没有直接的因果关系，老孙所在的中介公司没有违约。

最终，法院驳回了小李的诉讼请求。小李只能自己承担这一切。

---

① 编者注：本书中法律法规的名称使用简称。以下不再标注。
② 相邻关系的概念详见文末小贝普法。

案例二

留钥匙要注意，有隐患，先维修

2020年7月12日，小李委托某中介公司售房，和中介公司签了委托售房协议；为了看房方便，7月15日，小李又把房屋钥匙留在了中介公司，签署了钥匙托管协议。钥匙托管协议中有这样一段话："如果因为中介公司的原因导致房间内物品损失的，中介公司将承担损害赔偿责任。"

小李因为长期在外，房子无人居住，厨房的水龙头已经损坏，水阀不能打开。所以，在交付钥匙时，小李特别提醒了中介公司的老孙这一情况。

2020年9月17日，老孙的同事小王说，有一个客户想要看房子，于是从老孙手里借走了小李房子的钥匙，小王自己就带客户去看房了。老孙因为有其他的事情要处理，并未陪同小王一起看房，也忘记告知小王厨房水龙头已经损坏，不能打开水阀。

小王在带客户看房过程中，客户提出想看看房中水电是否完好，应客户的要求，小王打开了水阀和电闸进行测试，但在离开时却仅关闭了电闸，忘记了关闭水阀。

次日，小李家楼下的业主发现天花板漏水。物业上门查看后确认，因为小李家水阀未关闭，厨房水龙头漏水，导致小李家地面积水严重，并渗漏至楼下天花板。

在多次沟通协商无果后，楼下业主将小李和中介公司告上了法庭，要求赔偿财产损失30000元，误工费3000元，搬家费2000元，以及房屋维修期间的租金18000元。小李觉得此事与自己无关，明明自己已经告知过老孙不能打开水阀，老孙却置若罔闻，导致漏水；并且小李只委托了这一家中介公司来卖房，没有再委托其他中介公司，因此这些损失应该由中介公司承担。

法院经审理后认定，基于评估鉴定结果，此次漏水给楼下业主造成财产损失12445元，租金损失8082元，鉴定费6000元，搬家费1200元，总计27727元。小李作为房屋的出售人，明知厨房水龙头损坏，未进行维修就将房屋委托给中介公司，没有尽到房屋管理维护的义务，承担20%的责任；中介公司在明知厨房水龙头损坏，总水阀不能打开的情况下，接受了小李的委托，在带看客户时打开了水阀，并忘记关闭导致漏水，承担80%的责任。

案件至此告一段落，虽然中介公司承担了大部分责任，但是小李也因此产生额外的损失。委托中介卖房时，自己也不能完全不管，漏水隐患无小事，不能抱着侥幸心理，要及时维修。

案例三

钥匙"不翼而飞"，谁之过？

2018年10月26日，小李将自己在快乐小区的房子挂在了某中介公司出售，一年过去了，也没有出售成功，到了2019年11月26日，中介公司老孙告诉小李，如果要继续卖房子，最好能把钥匙留在中介公司，可以方便客户看房，提高卖房效率。

小李为了尽快把房子卖出去，就和中介公司签署了钥匙托管协议，托管期限为一年。

但是，又一年过去了，小李的房子一直无人问津，身边同小区的其他房子却卖出去不少，小李心觉奇怪，自己的房子就这么没有市场吗？没有带看，更无人谈价。坐不住的小李询问经纪人老孙后才得知，他交给老孙的钥匙早已"不翼而飞"。

老孙在丢失钥匙后，既未寻找也未告知自己。小李愤而将中介公司告上法庭，认为中介公司没有及时帮自己把房子卖掉，而且丢了钥匙，令自己产生了损失，要求他们赔偿损失39000元和门锁更换费用300元。

在法庭上，中介公司及老孙解释，他们已经通过经纪人朋友圈、线下张贴海报等方式对小李的房源进行了推广（但是并未提供推广的证据），同时，也承认确实将钥匙弄丢了，但是正在尝试找回，还没来得及和小李沟通，小李就来问询了。

法院审理后认为，中介公司未能提供任何证据来证明他们已经尽力推广小李的房屋，而且由于遗失了钥匙，导致小李不得不更换门锁，这给小李带来了额外的经济损失和不便。但法院也考虑到小李并非只能委托这一家中介公司出售房屋，他仍然可以通过其他中介公司出售房子，这意味着小李房屋没有售出的损失并不是完全由中介公司造成的。

最终，法院判决中介公司赔偿小李损失费6000元，以及门锁更换费用300元。

风险提示

上述三个案例，都是在售房过程中委托中介保管钥匙期间发生的，产生的纠纷包括房屋漏水导致楼下损失、钥匙遗失后的损失赔偿。这些案例的发生，有一定的偶然性，不代表委托中介售房就一定是不靠谱或者不安全的，主要是通过这几个案例，提醒消费者，在售房过程中要关注类似这些风险。在这里，小贝提醒，如果要留存钥匙，可以做好如下几点。

1. 委托协议条款要明确，别让模糊地带成隐患

签订委托协议时，一定要问清楚中介的责任和义务，并要求在委托协议中写清楚。比如如何推广房屋，怎样保管钥匙，看房的流程是什么，以及因为中介问题导致的损失如何赔偿，应承担怎样的违约责任。这是对自己的保障，确保中介按照你说的去做，如果出了问题，知道该找谁承担责任。

2. 房屋内的物品要明确，瑕疵地方要告知

在把钥匙留给中介公司时，最好能向中介公司列明房屋内的物品清单，并落实在书面协议里，明确这些物品的使用状态，如果委托期间物品发生损坏的，明确和中介公司如何划分责任。如果像案例二中的小李，房屋内有损坏的物品，或者有其他贵重物品，要单独、明确地告知中介公司，这样不仅能避免不必要的损失，同时，如果真的发生意外，也能确保由中介公司来承担主要责任。如果有特别有意义或者特别贵重的物品，小贝建议不要留存钥匙，或者在留存钥匙后，将这些物品带走。

3. 要求中介及时反馈带看结果

如果把钥匙留给中介，可以要求中介人员在带看后，及时给自己发送带看反馈，并要求中介人员带看后把房屋内的状态向自己做出说明，如房间内的灯、水龙头、窗户是否都关闭了，以此来推动中介公

司及其员工更好地维护自己的房屋，督促中介公司及其经纪人完整地履行中介义务。

小贝普法

什么是"相邻关系"？

相邻关系，是指依据法律规定，两个或两个以上相互毗邻的不动产的所有人或使用人，在行使不动产的所有权或使用权时，因相邻各方应当给予便利和接受限制而发生的权利义务关系。

关联法规

《民法典》

第二百八十八条 不动产的相邻权利人应当按照有利生产、方便生活、团结互助、公平合理的原则，正确处理相邻关系。

专题二
不实地看房就签约，劝你不要这么做

实地看房，是买房过程中非常重要的环节。在看房过程中，可能有很多因素导致购房者无法在第一时间看到自己心仪的房子。比如，和经纪人约好看房时间，却因为业主临时变动，不方便配合看房，经纪人只好安排同户型的房子，先看看样子。并且，现在很多房地产互联网信息发布平台上，对于在售的房源大都有真实的照片展示，有一些房源还拍摄了 VR 视频[①]，可以身临其境地感受房屋内的情况，有些购房者会直接通过看 VR 视频就把房子给定了。

不看本房就签约，对于购房人来说，会存在一定的弊端和风险，本专题希望通过以下案例，将其中的利害关系做阐明，供购房人在计划买房时参考。

---

① VR 视频，指用专业的 VR 摄影设备将现场环境真实地记录下来，再通过计算机进行后期处理，所形成的可以实现三维空间展示功能的视频。

案例一

买房只看同户型，误判房情损万金！

2022年11月15日，小张在某房屋信息发布平台上选看房屋，看中一个某小区的1101号房屋，随即通过平台上展示的经纪人信息，联系到了某中介公司的经纪人老孙。当天下午，老孙就约好了业主的时间，准备带小张看房。

看房路上，老孙正在为小张介绍交易房屋所在小区的情况时，手机铃声突然响起。老孙接起电话，原来是出售方小李，告诉老孙自己临时有事，这会儿看不了房。

老孙心想，这都到楼下了，可怎么跟小张解释，总不好叫人家白来一趟。这时，老孙灵机一动，想起来要看的这套房子的楼上，也就是1201号房屋也正在出售，这两套房子是同样的户型，正好1201号的钥匙留在了中介手里，看房子很方便。和小张解释了情况后，小张也表示同意。

于是，老孙叫同事送来钥匙后，就带着小张来到了1201号房屋，推开门，只见房间宽敞明亮，两室一厅两卫，全明格局，客厅很大，小张非常喜欢。小张又在客厅、卧室、厨房、卫生间等各个角落仔细地看了一遍。

于是，小张决定购买1101号房屋，让老孙去和1101号房子的业主小李谈。老孙问小张，还要不要再看看1101号的房子，小张觉得都是同户型，除了装修以外应该没什么差异，没有必要再看了，现在只想把房子先定下来，以免房屋价格再产生波动。

最终，小张和1101号房子的业主小李，签订了房屋买卖合同，以

2350000元的价格成功拿下。小张向小李支付了房款，很快两人就把过户手续办妥了。

到了交房时间，小张一早就来到了老孙所在的门店，两人一同前往1101号房屋，准备和小李交接。到了1101号房屋之后，小张大吃一惊，这怎么跟自己看的房子完全不一样！只见，眼前这套房子，并没有那么明亮，而且宽敞的客厅被隔出来一个卧室，显得很局促，整个房间感觉很压抑。

看到这些，小张有些犹豫了，开始质问小李和老孙。小李解释道，自己在卖房的时候，已经跟中介公司说明了，自己从开发商那里买来这套房子之后，又重新做了装修，两个卧室住不开，又隔出来一个卧室。老孙也犯了难，签合同时，明明提醒小张要不要再看一下房子，是小张自己拒绝了。

看着眼前这套房，小张心里很不是滋味，于是拒绝了收房，又一纸诉状将小李和老孙所在的中介公司告上了法庭，要求撤销买卖合同，小李退还自己的全部购房款2350000元，并赔偿违约金。

法院经审理认为，由于小张自己未看准备购买的房屋就签约，需要承担主要责任，中介公司也并未就两套房子户型不一致做出提醒，中介公司应该承担相应的责任。

法庭审理的过程中，业主小李很同情小张的遭遇。因此，经过法院调解①，小张和小李解除了房屋买卖合同，房子又过回到业主小李的

---

① 法院调解，指在人民法院审判人员的主持下，双方当事人通过自愿协商，达成调解协议、解决民事争议的活动和结案方式。法院调解不仅是当事人之间私权合意的体现，还涉及公权力的行使，以确保协议内容不违反法律规定。根据《民事诉讼法》第九十六条规定，人民法院审理民事案件，根据当事人自愿的原则，在事实清楚的基础上，分清是非，进行调解。经调解达成一致后，人民法院应当制作调解书，对调解结果依法予以确认，调解书与判决书具有同等的法律效力。

名下，中介公司退还了中介费，小李给小张退回了大部分房款，仅留存了 20000 元定金作为补偿。

小张没有看本房，而是在看了同户型房子的情况后，就一时冲动买了房，又因为这一决定劳心劳力，还赔了 2 万块钱，这真是买房不谨慎，吃亏在眼前。

案例二

不实地看房，能买到心仪的房子吗？

小张准备把老家的父母接到自己的城市来生活，决定在自己目前所住的小区附近给父母买套一楼的房子，既方便和父母有个照应，也方便父母外出。经过多方查看，小张最终在某房屋信息发布平台上，看到隔壁小区有一套令人满意的房源。因为小张近期工作很忙，经常约不到合适的看房时间，但又着急赶紧把房子定下来，让父母搬进去，所以小张就仔细地看了平台上发布的房源照片和拍摄的 VR 视频链接，感觉各方面都很符合自己的需求。

于是，小张找到了某中介公司的经纪人小王，表明自己决定把这套房子买下来，希望小王能帮自己联系出售方签约。但是小王反复提醒小张，还是要到房子里面看一看，别到时候后悔。小张虽然有心看房，但实在抽不出时间，只好跟小王承诺，自己住的小区和要买的这套房子，就隔了一条街，对要买房的这个小区和周边环境，很是了解。

就这样，小张和出售方小李签了房屋买卖合同，合同中还专门针对没有看房一事做了补充说明，"在经纪人小王提醒下，小张未实际到房屋中查看，小张自愿购买房屋，如果因未看房导致问题的，一切责任由小张本人承担"。合同签订后，小张也向小李支付了定金。

在过户前，小张终于抽出了空闲时间，于是约着经纪人小王准备到购买的房子里看一看。

一天下班后，正好是城市夜生活最繁忙的时刻，小张来到这套房子所在的小区，看着小区街边的众多小吃摊生意火热，十分具有生活气息。穿过小区、走进所购买的房屋，小张发现问题来了，虽然这个小区和自己住的小区只有一条街之隔，环境却是天壤之别。原来，小区的隔音效果不是很好，不像自己住的小区那么安静，买的这套房子又在一楼，即便进了房子里，小吃摊的吵闹声音也像在耳边一样。而小区街边的小吃摊一般要营业到凌晨才收摊。

小张犯了难，当初是自己坚持说不看房没问题的，但转头再看看这个房子，又顿时觉得很糟心，为了让父母有更好的居住体验，只能硬着头皮让经纪人小王帮忙和小李谈谈，看如何把房子退掉。

经纪人小王和小李沟通之后，小李当场拒绝了小张的想法，并表明自己的态度，如果小张不履约，自己就要走法律程序，让小张等着收法院的传票。

小王把小李的态度反馈给了小张，小张也去咨询了自己的律师朋友，把和小李签署的房屋买卖合同等相关的资料都发了过去，律师朋友告诉他，现有的证据确实对小张不利。

小张反复琢磨了很久，为了避免损失进一步扩大，还是决定继续和小李把手续走完，后面的事情，等拿到房子再做打算。

风险提示

上述案例中，小张的苦恼都是因为没看本房就签约导致的，如果小张能在购房前，前往房屋仔细查看一番，应该就可以避免这种问题发生。

虽然开发商在设计户型时，楼上楼下可能是同样的户型，但是每套房子的业主会根据自己的实际使用需求进行合理的改装，所以，只看同户型很有可能不靠谱。在这里，小贝建议广大消费者，务必做到：

1. 实地看房：签约前一定要进行实地调查，查看房屋的真实情况、小区的周边环境，看清楚房屋内的细节以及房屋的整体结构，是否符合自己的居住需求。

2. 专业的事交给专业的人去做：如果决定通过中介公司购房，那么自己在买房时特别关注的需求，可以完整地告知中介公司，一来中介公司会根据明确的需求，帮助自己找到更适合自己的房子；二来即使后续发生纠纷，也是一个佐证，证明自己已经充分地告知了购房需求，但是中介公司并没有很好地为自己提供服务，以维护自己的合法权益。

专题三

划重点！看房一定要看这几点

二手房屋交易过程中，实地看房作为了解意向房源最直接明了的方式，对购买方能否买到满意的房屋起着至关重要的作用。鉴于房产交易金额通常较大，实地看房这一环节显得尤为重要，购买方不可敷衍了事、走马观花；应秉持细致入微的态度，全方位、多角度地审视房屋状况，莫因一时疏忽或心存侥幸，在未充分了解房屋真实情况时便匆忙签约，导致陷入麻烦与纠纷的泥沼。

本专题通过五个案例，提示购买方在看房时应注意房屋相关的各种信息，详细了解房屋是否满足自身所需，避免买到不合适的房子，给自己造成损失。

案例一

看房太匆忙，白蚁令人忙

2021年8月，小张浏览朋友圈时，发现小李正在卖房。小张仔细看了小李发在朋友圈的图片，觉得房子很不错；最主要的是，房子所在的小区在本市是出了名的优质小区，地理位置优越，闹中取静，周围有多线地铁，有全国闻名的三甲医院，有大型商超，还有一条美食街。刚好，小张近期正打算买房，于是准备买下小李的这套"优质房源"，便立刻联系了小李。

彼时，小张工作的繁忙让他无暇实地看房。小张通过手机视频"云"看房之后，便想和小李签订房屋买卖合同，但小张想起自己曾经听同事说，同事家的房子闹了白蚁，发现的时候，这些小虫子已经把自己家的木地板啃食得不成样子了，修复起来非常费劲。于是小张询问小李，交易房屋中是否有这样的问题。小李表示，自己在房子里住了五六年了，从没看见过一只白蚁，如果小张实在担心的话，可以再到房屋里亲自看看。小张便和小李约定，当天提早下班到小李家中看房。

没想到，小张刚进小李家没一会儿，公司领导就打来电话，说有突发情况，需要他回去一起处理，小张大致查看了墙面、地面的情况，便打算离开。临走又觉得匆匆一瞥仍然不能放心，于是和小李商量，把白蚁相关的约定写在买卖合同里，于是二人在合同中约定：

小李确认该房屋不存在白蚁蚁患，若房屋存在白蚁情况，小李应在房屋交付前完成整治，小张在房屋交付后发现的，小李应承担白蚁防治费用，由此影响小张使用的，小李应另行赔付小张因此造成的实际损失。

签完合同后的一天，小张难得有空，便找小李拿了房屋钥匙，前往看房。但小张这次看房时发现房子有点不对劲，先是在刚走进房子的时候就飞过去了一只小虫子，小张虽没看清，觉得这房子很久没人居住，有几只小飞虫也是正常的，但往里走了几步，小张发现自己脚下的木地板松松晃晃的，走进卧室看了一眼，发现衣柜也变形严重。小张觉得不太对劲，于是撬开了一块松动严重的地板，这一打开，地板下面竟是密密麻麻的白蚁大军，正在啃食地板！小张又冲到卧室拉开看起来不对劲的衣柜仔细查看，果然也在衣柜的角落发现了白蚁的巢穴。

面对如此严重的白蚁问题，小张立马联系小李进行维修，随后，小李找来了专业的除蚁团队，除蚁后又找来维修队对房屋进行了维修；为了自己入住后有个干净舒适的环境，小张也对房屋进行了简易装修，花费了18000余元。

一番维修、装修过后，白蚁的问题看似告一段落，但小张听说，一旦房屋被白蚁侵蚀，其价值会大大降低，即使进行了治理，也很难完全恢复房屋的原貌，并且非常容易反复。小张打起了退堂鼓，实在不愿意花大价钱买一个白蚁房，于是拒绝进行房屋过户。

小李认为自己已经就白蚁问题进行了维修，小张拒绝过户构成违约，买卖合同应当解除，小张应承担违约责任；小张表示解除合同可以，但小李隐瞒白蚁情况，小李应赔偿其装修损失。于是双方解约，但在责任承担的问题上双方未达成一致，故产生诉讼，小张将小李诉至法院。

法院经审理认为，房子作为特殊的商品，具有消费价值高、使用时间长、与生活品质紧密相关等特点；交易房屋存在白蚁问题，小张确实是在不知情的情况下签订了房屋买卖合同；小李未能如实披露白蚁蚁患，应承担相应责任，但小张作为一个有正常判断能力的成年人，看房时未尽到相应的审慎注意义务，在未仔细查看房屋状况的情况下就与小李签约，应自行承担相应的风险。因此，法院仅支持了小李赔偿小张装修损失 9000 余元。

合同虽然解除，但小张仍为其不谨慎的行为承担了装修损失，小李也为自己未如实披露房屋状况的行为付出了一定的代价，算得上是两败俱伤的结局。

小贝在此也特别提示：白蚁作为南方地区常见的昆虫，其对房屋破坏力极大，尤其是木质结构的建筑。白蚁以木材为食，不仅会在木材内部筑巢繁殖，还会分泌出酸性物质腐蚀木材。如果不及时发现和处理，白蚁的侵害将导致房屋结构受损、家具变形、书籍纸张被蛀蚀等严重后果。购买方在看房过程中如果发现家具、地板木材或墙壁表面有泥状分泌物（俗称"蚁路"）或细小的孔洞，很可能是房屋中有白蚁入侵。同时，如果在房屋内发现浅黄色或浅褐色、呈颗粒状的白蚁排泄物，要引起警惕。

案例二

房屋朝向若有疑，看房当时早提及

小张家的孩子快要上中学了，决定换一个对口学校好一点的房子。小张心里已经有了备选的学校，于是一到周末，就到学校附近的小区考察、寻找计划售房的业主。某天，小张在学校附近某小区的公示栏中看到了小李张贴的售房广告，于是联系到了正在售房的小李，提出想看看房子。

2023 年 2 月 7 日，小张来到小李出售的房子看房，看房的时候和小李聊天，表示自己主要就是想买一个学区房，让孩子能去重点中学读书。听到小张这么说，小李现身说法，说这套房子完美契合了小张的需求，自己家的孩子去年刚从旁边的重点中学毕业，学校的师资力量确实不错，学习氛围也很好，孩子也已经考上了重点大学。听到小李这么说，小张十分心动，立刻决定把房子买下来，当天就和小李签订了房屋买卖合同，以 2730000 元的价格买下了小李出售的房屋。

在合同签订后，小张多次复看房屋，没有发现什么问题。2023 年 6 月 20 日，房屋顺利过户至小张名下。

过户之后，小张一家搬了进去。然而，不久后，小张觉得房子的采光很奇怪，尤其是卧室里，白天一整天都没有阳光，但到下午太阳快落山的时候，阳光又会十分强烈，夏天的阳光本就毒辣，这样近乎直射的阳光会让房间迅速升温，开空调都没什么作用，几乎让人没法待下去。小张突然意识到，卧室的窗户是朝向西边的！

小张很生气，朝西的房子冬冷夏热，通风还不好；这么重要的事情，小李应该在最开始就告诉自己才对，早知道这房子是朝西的，自己肯定不会买。

于是，小张找到小李提出房屋朝向问题，认为小李故意隐瞒房屋重要信息，要求解除房屋买卖合同；小李并不同意，觉得朝向问题看房子的时候便可获知，无须自己特意告知，而且小张本来购房的主要目的就是孩子上学，更何况现在合同都履行完毕了……小李认为小张是在故意找茬，表示如果要解约，小张就要承担违约责任。

见状，小张直接将小李诉至法院，要求法院判决二人签订的房屋买卖合同无效。

法院受理此案后，经审理认为，房屋朝向属于已经确定的、通过看房即可获知的信息，小张在和小李签署房屋买卖合同前看过房，不存在小李故意隐瞒或者提供虚假信息的情况；且小张在整个交易过程中曾多次看房，均未提出房屋朝向问题，也未提出房屋朝向是其考虑购房的首要及决定性因素。因此，法院驳回了小张的诉讼请求。

小张败诉了，十分后悔，心想当时看房的时候要是能多注意一点就好了，眼见孩子马上就要入学，临时换房也不太可能了，小张只得接受了这个结果。

案例三

若要房屋采光好，实地看房要多跑

2020年8月，小张的母亲辛苦工作多年，终于退休了。于是，事业有成的小张打算给母亲在自己生活的城市买一套房子安度晚年。小张心想，既然房子是为了给老人居住，那么房子需要阳光充足、温暖舒适；除此之外，要是母亲能和自己住在一个小区就更好了，有任何情况自己都方便照顾。

过了几天，小张发现小区里正有业主在卖房。房子离自己正在住的单元相隔两栋楼，而且是在二楼——由于这个小区的房子都只有六层，所以小区并没有安装电梯，二楼对于老人居住来说也很方便。小张觉得房子很合适，于是联系到了售房的业主小李，提出想要先看一看房子。

小张仔细看了房后，对房子非常满意，可由于看房的当天正是阴天，小张不太能看出来房子的采光状况，小张有点犹豫要不要等天晴了来看看，再做决定。但就在小张犹豫的时候，先后有两拨人来到房中看房。房子看起来非常抢手，小张有点担心房子被抢先预订，又考虑到当下正是雨季，不知道何时才会晴天，想到自己家住在一楼采光都很不错，同一个小区的房子应该也不会差太多。于是看房当天，小张就和小李签订了房屋买卖合同，并支付了定金50000元。

签约之后的某个晴天，小张重回交易房屋看房，却发现房屋光线并不好。原来这栋楼的对面正是隔壁的高层小区，三十多层的高楼对房子的采光难免产生了一些影响。既然如此，小张也不想买这套房子了，便以房屋采光不好要求解约退款，但小李认为小张是实地看过房的，且合同对采光也没有明确的约定，小张从来没说过一定要买一个采光好的房子，故仅同意了解约，但拒绝退回定金。

见状，小张决定诉诸法律手段维权。她先找了律师咨询，但律师表示，小张如果向法院起诉的话，胜诉的可能性并不大，主要是因为签约前小张确实实地看过房，对于影响房屋采光的因素是能够注意到的；如果不确定采光到底如何，小张可以等到天气好的时候再次看房，而不是匆忙签订房屋买卖合同；即便是小张着急签约，也可以和小李协商把对于采光的要求约定到合同中。但小张看房的时候不够仔细，后又匆匆签约，小张也拿不出证据证明自己曾经询问小李采光问题，合同中也没有对这个问题进行约定，因此，律师不建议小张起诉，否则有可能不仅拿不回定金，还会产生诉讼费的损失，以及时间和精力的浪费。

听到律师的分析，小张意识到自己的疏忽之处，决定不再起诉小李。小张暗暗发誓，再买房的时候，一定要三思而后行！

安家： 99个故事教您买卖二手房

案例四

房屋面积有差异，"差之毫厘，谬以千里"

2023年10月，准备买房的小张通过某社交媒体把目光锁定在了出售方小李的房子上。

2023年11月2日，小张来到小李的房中看房后，决定购买。看房时，小张询问小李房屋面积，小李表示房子建筑面积①为87平方米，并拿出了房产证，房产证也载明"建筑面积87平方米"。彼时的小张，对这个数字并没有什么概念，只是见房子的户型是两室一厅，觉得可以满足自己的居住需要，也就没再细问。

第二天，小张和小李签署了房屋买卖协议，二人在协议中约定：

1. 交易房屋建筑面积87平方米；

2. 小张经现场查看，对交易房屋的装饰装修等情况已充分了解，并愿意以1025000元购买该房屋；

3. 小张应于本协议签订当日向小李支付定金20000元。

签约完成后，小张当场通过转账方式，支付给小李定金20000元。

2023年11月23日，小张在小李的同意下再次来到交易房屋看房，越看越觉得房子面积小，并不像是87平方米的样子，于是买了软尺实地测量，发现房屋面积实际上只有67平方米，和小李说的87平方米面积足足相差20个平方米。

于是小张立刻打电话与小李对质，小李有点摸不着头脑，他解释

---

① 建筑面积，是指住宅建筑物从墙体外围测量的平面面积，包括房屋内使用面积、墙体面积以及屋外走廊、电梯、消防通道等公共区域的公摊面积。

说建筑面积是 87 平方米没错，小张看房的时候自己就拿出房本给他看了，房本上也写得清清楚楚，但是建筑面积不等于房子的套内使用面积①，建筑面积还包含公摊面积和墙体面积……套内使用面积肯定达不到 87 平方米。

小张听到小李解释之后，十分生气，质问小李看房的时候为什么不说明白？小李更是觉得莫名其妙，这种购房常识随便上网一查就可以知道，自己当时已经说明了房子的建筑面积，买卖合同上写得清清楚楚。小张向小李提出了解约，理由是房屋面积与自己一开始认为的相差太多，自己不打算买了。小李认为小张要求解约属于违约，不同意退还定金。故，小张以重大误解②为由对小李提起诉讼，要求解除协议、退回定金。

法院经审理后，认为房屋面积确实会影响小张的购房意愿，但小张在签订协议前有实地看房，对于房屋的面积应有基本的认识，且小李也提供了房本，签署协议时双方也确定了房屋的建筑面积。小张在看房和签订协议时未能予以注意，导致对协议约定的房屋面积存在理解偏差，该偏差系因小张自身的疏忽导致，小张应当对自身的损失承担责任，该理解偏差不构成重大误解。故此，法院判决驳回了小张的诉讼请求。

---

① 套内使用面积，指室内实际能使用的面积，不包括墙体、柱子等结构面积，即屋内肉眼可以看到的面积，可以直接为购房者使用的净面积。

② 重大误解的概念详见文末小贝普法。

案例五

忽大忽小的水流，难以诉说的委屈

2020年1月6日，小张购买了小李名下的房屋，约定成交价1700000元。

这已经是小张的第二次买房，有一定经验的小张深知，为了能有一个舒适、安心的居住环境，购房过程中的每一个细节都至关重要。因此，在签约前，他多次看房，对房屋进行了详细的实地检查，确定没有问题后才签了约。双方在合同中约定：

小张确认其已经实地勘查该房屋，对小李出售的该房屋具体情况充分了解，自愿以签订合同时房屋现状购买该房屋。

签约后，双方如期履约，2020年7月，交易顺利完成。之后，小张便将房子租了出去。

2022年7月，租约到期，小张收回房屋，准备自己居住。然而，入住后的小张发现每到用水高峰，家中的水流就如同挤牙膏，流得很费劲，这看似是个小问题，却给小张的日常生活造成了极大的不便。刷牙时，细若游丝的水流，半天接不满的水杯；洗澡时，原本惬意的沐浴时光变成了一种煎熬，10分钟能洗完的澡硬生生变成20分钟。这些用水的困扰，让小张居住的幸福感大打折扣。

于是，小张找到小李，认为小李故意隐瞒房子水压小的问题，提出应该小李来解决。然而，这一要求被小李拒绝了。小李表示，由于楼层较高，自己在房子中居住的时候确实存在用水高峰期水流小的问题，但他也为此安装了水泵，而且在看房时水泵也存在，小张很容易就能察觉并意识到水压可能有问题，自己从来没有故意隐瞒什么。

然而，对于小张而言，即使有水泵，也无法改变高峰时段用水困难的现状，因为他买了房之后就给房子安装了全新的净水系统，这一系统对水压的大小也有不小影响。

但小张仍觉得，签约前小李没有如实告知这一情况存在过错，于是决定去法院起诉，要求小李赔偿违约金 170000 元。

在法庭上，二人的冲突十分激烈。一审法院依据双方提供的证据进行了审理：

1. 房屋作为大宗商品，实地看房并确认交付是购买方的权利和义务。小张作为购买方，实地对房屋进行了查看，应对房屋的基本情况有相应的了解，且煤水电等配套设施是除房屋外最基本的配置，小张看房时应当注意查看。

2. 房屋买卖合同中明确载明小张自愿以签订合同时房屋现状购买该房屋，故应视为小张对水压情况清晰明了。

3. 现距双方交房已两年之久，小张未提供有效证据证实小李在出售房屋时存在故意隐瞒供水问题的情况。

综上，法院认为小李不存在违反合同约定的行为，驳回了小张的诉讼请求。

小张虽然不服提起上诉，但二审法院维持了原判。

在此之后，小张又找了不少专业的装修、维修公司来帮自己解决水压的问题，但唯一的结论就是拆掉净水系统，让水泵发挥作用。由于安装这个系统花了不少钱，小张妥协了，决定默默忍受水压给自己带来的生活不便。

这件事让小张深刻意识到，在房屋交易时，关注房屋情况不能仅仅停留在表面。当时的自己虽然已经仔细查看了房屋，但还是忽略了用水的问题。小张确实没有想到，一个小小的水流问题，竟然给他带来了如此多的不愉快。

风险提示

从上述案例可以看出，为确保所购买的房屋是自己的理想新居，实地看房非常重要，望购买方能够重视看房环节，具体而言：

1. 应当仔细观察房屋的采光、通风、朝向以及室内布局是否合理；检查房屋的质量，包括地面、墙面、天花板等是否存在裂缝、渗水等问题。

2. 对于影响居住的各类问题应提前考虑，尤其是对于自身来说足够影响到购买意愿的特殊需求，应当及时提出并确认，综合考虑是否购买；如决定购买，可以将自己的需求明确约定到合同当中。

3. 若要确认类似采光等受不同时间段、不同天气等因素影响较大的房屋情况，购买方应多次实地看房予以确认，尽量确保万无一失。

4. 房屋面积是购买方考虑是否购房的重中之重，建筑面积与套内使用面积并不等同，购房者应有明确的认知，避免产生误解。在评估房屋时，务必区分这两个概念，确保对房屋的实际可用空间有相对准确的预期。

小贝普法

什么是"重大误解"？

重大误解，通俗来讲是指一方当事人因自己的过错，导致对合同的内容等发生误解而订立了合同。

关联法规

《民法典》

第一百四十七条　基于重大误解实施的民事法律行为，行为人有权请求人民法院或者仲裁机构予以撤销。

第一百五十二条第一款第一项　……重大误解的当事人自知道或者应当知道撤销事由之日起九十日内没有行使撤销权的，撤销权消灭。

专题四

什么？看房过程也有"安全"问题？

实地看房可有效帮助购买方深入了解房屋的结构、周围的环境等，是购房过程中重要且不可或缺的一步；但在看房过程中，购房者也须具备一定的风险认知能力与危险防范意识，注意查看房屋及周围环境是否存在安全隐患，避免发生安全事故。

本专题希望通过以下案例，提示购房者在看房过程中要时刻将"安全"二字挂在心间。

案例一

不请自入，后果自负

2021年5月，准备买房的小张通过某中介公司的网站看上了一套房子，这套房子最吸引小张的一点就是带有一个阁楼，并且从图片上看，阁楼的采光很是不错。作为一名设计师的小张盘算着这个阁楼可以作自己的工作室，于是联系到该中介公司的经纪人老孙，希望老孙能带自己实地看房。

小张在老孙的带领下，前往心仪的房屋看房。二人到达之后发现，这套房子的阁楼是封闭的，阁楼和主体房屋之间隔了一扇门，门紧锁着，老孙抱歉地告诉小张，目前自己手里也没有钥匙，进不去阁楼查看。小张有些不快，告诉老孙自己主要就是看中了这套房子的阁楼，如果看不了的话，怎么决定到底买不买呢？

为了能让小张看到阁楼效果，老孙提议可以带小张去隔壁看看，隔壁房屋的户型和这套房子完全一样，并且隔壁目前正在装修，阁楼正好敞开着，但需要先和装修师傅询问一下以确保安全。然而，还未等老孙与装修人员沟通好，心急的小张就先行一步到达隔壁房屋的阁楼进行查看。

然而，小张并没想到这次看房竟然会给自己接下来的生活带来痛苦。因隔壁房屋尚在装修，阁楼上下层之间空洞处并未封闭，而是使用板材覆盖的，覆盖处也未放置警示标识；小张并不清楚情况，在阁楼上走了几步后直接跌落到下层，他立刻感到剧烈的疼痛，几乎无法动弹。事发后，老孙立刻拨打了急救电话，把小张送往医院治疗，结果，小张被诊断为右侧第6、7、8根肋骨骨折、双侧耻骨上下支骨折。

"伤筋动骨一百天"，2021年5月至6月，小张一直住院治疗，不得不一直忍着伤痛躺在床上；出院后还经历了一段时间的恢复期，就此产生了医疗费、护理费、误工费等诸多损失。

小张认为自己是在看房的过程中受伤的，中介公司理应了解其所带看房屋的具体情况，且受伤的地点是隔壁房屋，隔壁房屋的业主也有责任。因此，小张将中介公司和隔壁房屋业主同时诉至法院，要求二者赔偿其医疗费、营养费、护理费、误工费、交通费、精神损害抚慰金、鉴定费等十几万元的损失。

法院经过审理认定：

1. 小张作为一个有正常判断能力的成年人，应当具备风险认知能力和危险防范意识，应该对自己的行为负责；他未经允许擅自进入他人房屋看房的行为有欠稳妥，因此应自己承担主要责任。

2. 中介公司带领小张实地查看目标房屋，在看房的过程中，对小张应当负有一定的照顾保护义务；中介公司未尽到合理范围内的安全保障义务，应承担小部分责任。

3. 至于隔壁房屋的业主，因为他们并没有邀请小张进入房屋，也没有过错行为，所以无须承担任何责任。

案例二

看房路途千万条，安全抵达第一条

2023年11月，小张想买一套二手房，便前往一家中介公司咨询。中介的经纪人老孙很快就帮小张匹配了一些房源，小张很感兴趣，于是老孙提出带小张实地去看房，小张同意了。

由于房源分散在不同的小区，步行前往显然不太方便。老孙便提议骑电动自行车载小张去看房，这样既能节省时间，又能更直观地了解房源位置和周边环境。小张一听，心里有些忐忑，毕竟他从未坐过电动自行车。他试探性地提出不如步行前往，但老孙说："你放心，我骑车的技术非常好，稳得很，绝对安全！"说罢，老孙还找了一顶头盔给了小张，让小张戴上。

见老孙这样说，小张也不好意思再次出言质疑，便半信半疑地坐上了老孙的电动自行车。一路上，小张都感到十分不安，因为他发现老孙骑车虽然风驰电掣，但并不稳当，好几次差点和旁边开过来的汽车相撞。他的不安感越来越强烈，几次要求想下车，但都被老孙以"快到了"为由拒绝了。

终于，电动车行驶到一个小区的单元楼下，老孙停了车，小张便迫不及待地想要下车，却忘记仔细看一下周围的情况。此时，老孙把车停在了一块挡车球的边上。挡车球在电动自行车的左边，按理来说，小张应该从右边下车从而避开挡车球，但小张从反方向下车。这时老孙因为没有扶稳车把，车突然晃动了起来，还没站稳的小张一个趔趄，摔倒在地，右腿狠狠地撞到了挡车球上，他瞬间觉得右腿一阵剧痛，当下已无法站立行走。

老孙见状，连忙打车将小张送到医院，医院诊断小张为右股骨颈骨折。这场突如其来的意外，让小张的看房之旅戛然而止。

事故发生后，小张将老孙所在的中介公司诉至法院，要求中介公司赔偿其医疗费、误工费、伤残赔偿金等。庭审过程中，小张申请进行医学鉴定，经鉴定，小张此次受伤的伤残等级为九级。

法院在调查了案件事实后，分别向中介公司和小张说明了双方的责任：

1. 对于中介公司：第一，根据本市交通安全管理的规则，电动自行车不能载人，老孙不应骑电动自行车载小张前往看房；第二，老孙既然提供了看房的交通工具，就需要保障客户安全。

2. 对于小张，根据现场视频可以看出，其在下车时未按正常方向下车，且老孙的车抖动不足以使小张摔倒，所以小张摔伤也有自身不够小心的原因。

最终，双方在法院的调解下，中介公司承担了60%的责任，小张承担了40%的责任。

风险提示

以上案例中的小张，事发后都深刻认识到安全的重要性。看房、买房本是一件令人期待和开心的事情，但是小张由于自身和外部等多重原因，导致在实地看房的过程中受伤，不仅影响了自己的身体健康，还耽误了工作和生活，买房的计划也不得已一拖再拖。除了上述案例之外，在现实生活中，因看房发生的安全事故也不少，其中不乏身受重伤或者死亡，让原本开心的置业喜事，因为疏忽变成自身和他人的悲剧。

因此，购房者在实地看房或前往看房的过程中，一定要小心谨慎，小贝建议大家：

1. 合理使用交通工具。在前往看房途中，务必选择合适的交通工具，切勿违反道路交通管理规则，在行车途中也应当谨慎，保证看房途中的交通安全。

2. 实地看房时注意观察房屋的基本结构和布局，包括楼梯、阳台、屋顶等，尤其是毛坯或装修当中的房屋，切勿进入危险区域；未经他人邀请或同意，切勿随意进入他人房屋看房。

3. 看房过程中，注意用电安全，不要随意触碰或操作房屋内的电器设备，切勿乱动电线和插座，以防触电；注意查看地面是否平整、有无积水或杂物、电线等，以防滑倒或绊倒；注意检查楼梯是否有破损或松动的台阶，确保上下楼梯时的安全。

4. 出售方作为房屋的所有者和管理者，对房屋的结构最为清楚。如果所出售的房屋存在安全隐患，一定要设置防护和警示标志，若委托中介出售的，一定要向中介明确说明房屋内的情况，尽到必要的提示义务，防止出现纠纷。

专题五
房子有"改建",买前请三思

在买房过程中,你是否对这种房源心动过?

房子在一楼,有独立的大门,门前带小院,阳光正好时,可以摆几张椅子和家人朋友一起喝茶;洗好的衣服可以在室外晒太阳;可以种一些自己爱吃的蔬菜。

房子在顶楼,有专属于自己的小阁楼,虽然天花板比较低,还有倾斜的墙壁,但是私密性很好,可以用来作储藏室,或者作为儿童游戏室。

房子带阳光房,主体结构经过精心改造,打造出多功能客厅、开放式厨房等区域,房屋布局显得既实用又优雅……

这类房子都有独特的魅力、漂亮的外观、特殊的功能。但是,附带的建筑以及房屋是否符合相关规定?自行搭建的阁楼、阳光房、院子等是否属于违章建筑[1]?购买方是否能够在看房时核查清楚房屋产权

---

[1] 违章建筑,指未取得拟建工程规划许可证(原址、选址建房意见书),在规划区以外建设,违反《土地管理法》《城乡规划法》《村庄和集镇规划建设管理条例》等相关法律法规的规定动工建造的房屋及设施。

性质？签了合同又是否能以改建或者自行搭建构成违建，而任意解除合同？

本专题期望通过以下案例，提示购买方在购买房屋时，仔细核查房屋的状态，包括是否有改建、违建，房屋的产权是否清晰等，以免产生法律纠纷。

案例一

看房买房要仔细，随意毁约损失大

2021年6月1日，小张与小李通过中介签订了房屋买卖合同，小李将自己的房屋以2850000元的价格出售给了小张，签订合同当日，小张向小李支付了500000元定金。

房屋买卖合同签署前，小张曾两次到交易房屋实地看房，但是在看房过程中，小张并没有发现房屋内部有过改造痕迹。

房屋买卖合同签署后，在合同履行过程中，为了后期装修，小张请装修设计师前往房屋进行测量工作，经测量，发现房屋客厅经过改造，现在客厅的圆弧形属于异形结构。

小张对这样的房型结构不满意，感觉自己被欺骗了，认为小李出售的房屋与同小区、同面积的正常户型不一致，当初小李也并没有主动向自己披露客厅的改造情况。

思前想后，小张决定退掉这个房子，于是小张拒绝继续履行合同，并且要求小李退还500000元定金。但小李很不情愿，表示小张已经实地去看了房子，也看到了客厅的样子，对房屋结构已充分了解，因此拒绝了小张的要求，不退还定金。经过多轮沟通，小李同意了解约，但表示由于小张构成违约，自己不会退还定金，小张不同意，双方意见一直无法达成一致。

2021年8月，小张见沟通无望，于是将小李起诉到法院，要求：

1. 解除双方签署的房屋买卖合同；
2. 小李向小张返还500000元定金。

法院经过审理认定：小张作为购买方，应在签署买卖合同前认真核查房屋的产权、面积、户型、装修等，对于房屋是否属于异形结构，在签约前通过实地查看、核验房产证中房屋平面图等方式均可以得出结论，小张以房屋存在异形结构拒绝履约已构成违约。由于小张和小李都同意解除合同，因此法院最终判决双方的房屋买卖合同解除，并且直接适用了定金罚则①，判决小李无须向小张退还500000元定金。

小张作为一个成年人，在作出购房这一重要决策时，没有做到深思熟虑；看房时，没有仔细查看房屋的结构是否符合自己的需求，也没有仔细地核查房本，向小李进行细致的询问、表达自己的诉求。他最终用500000元买下了昂贵无比的教训，不得不承担沉重的后果。这一经历无疑将让他终生难忘。

案例二

"三房"变"两房"，能说不买就不买吗？

小李有套顶层的房子准备出售，为了扩大销售渠道，小李把房子出售的信息挂在了某社交平台上。

---

① 定金罚则：如果给付定金的一方违约，则无权要求返还定金；如果收受定金的一方违约，则应双倍返还定金。

小张看到小李发布的信息后，主动联系了小李，约好了看房时间。

在实地查看房屋时，小张注意到，这个房子在顶层，同时楼顶还有一个小阁楼，阁楼被小李装修成了卧室，所以总共算起来有3个卧室。小张心里盘算着，正好可以满足自己三代同堂的居住需求。小李告诉小张，这套房子房本上登记的建筑面积是102.2平方米，这个阁楼不计算在房产证的面积上，是自己后来改造的；要不是着急用钱，自己原本舍不得卖掉房子，小张买到就是赚到了。

小张感觉自己确实捡了个便宜，于是，在2020年12月19日和小李签订了房屋买卖合同，合同约定房屋的建筑面积是102.2平方米，价格是1070800元。

合同签订后，小张向小李支付了首笔房款，共计370800元，也向银行办理了贷款手续。

2021年2月25日，小李将房子过户给了小张，小张拿到了房产证，房产证上记载房屋建筑面积为102.2平方米。

过完户，小李将房屋交付给了小张，小张经过验收，确认房子确实和自己看房时的状态一致。

2021年3月，小张收到房屋后，开始对房屋进行装修，在屋顶又额外搭建了雨棚。

2021年3月18日，物业向小张发送《整改通知》，要求小张对雨棚进行整改。

2021年3月30日，物业再次向小张发出《房屋装修违规行为整改通知书》，通知书中载明房屋的阁楼属于违法搭建，要求小张拆除阁楼。

小张和物业不断地交涉，均以失败告终。

要拆除阁楼，那自己买的房子就从"三房"变成"两房"，家里三代人根本住不开，本来打算买房改善居住环境，现在不仅没改善，还要额外付出一笔拆除阁楼的费用。

于是，2021年5月8日，小张将小李诉至法院，要求解除房屋买卖合同。理由是小李自行改造的阁楼是违章建筑，属于限制转让的情形，小李根本没有权利把房子卖给自己。

法院经审理认定：小李向小张出售的系建筑面积102.2平方米的房屋，小张在合同签订前到现场实地查看过交易房屋，且目前已实际取得房屋，该房屋也正常过户至小张名下，因此不存在限制转让的情形；小李改造出来的阁楼不算在房屋面积里，不是这次房屋买卖要交易的东西，阁楼无产权不能当作解除买卖合同的理由。因此，法院驳回了小张的诉讼请求。

小张不服一审判决，向法院提起上诉，中级人民法院作出了维持一审的判决。

历经半年多的时间，小张最终也未能如愿解除买卖合同，还承担了诉讼费、律师费等支出。不仅如此，小张的居住环境也没有得到改善，还要另寻住处。

案例三

自建的阳光房，并非解约的正当事由

小张准备给母亲买套房，为了满足母亲的居住需求，看房过程中，都是小张母亲实地看房，小张只负责出钱和签合同。小张母亲看好房

子后，2024年1月13日，小张和出售方小李签订了房屋买卖合同，成交价是2300000元，合同约定：

1. 小张应于合同签订当天向小李支付定金50000元；

2. 小张需要申请公积金贷款①500000元，应在2024年3月5日前向公积金管理中心提交贷款申请材料，办理贷款需要小张和小李到场共同配合。

当天签约完成后，小张通过银行转账，将50000元定金支付给了小李。

然而，在办理公积金贷款的前一天，小张却提出，自己想再看一下房子。小李同意了，2024年3月4日，小张和母亲又来到房屋里，仔细地打量了一番。其间，小张提出，小李私自搭建的阳光房属于违建，存在安全隐患，他决定不购买房屋。这让小李感到很意外，当时看房的时候，小张的母亲就知道房中有阳光房，并对此表示非常喜欢；签约的时候自己也提出阳光房是自己建的，面积不在房本上，当时小张也没有表示异议，现在怎么突然提出这个问题呢？

原来，小张由于家里出了状况，资金不足，他无力再购买房屋，于是煞费苦心，找了这样一个解约的理由。

小李坚决不同意解约，也不同意面谈，要求小张继续办理公积金贷款、履行合同，否则就要法庭上见。小李催了许久之后，小张才在微信中表示，自己现在实在是没钱继续购房了，只要小李能和自己解约，50000元定金就作为给小李的补偿。

---

① 公积金贷款，指个人住房公积金贷款，是各地住房公积金管理中心，运用申请公积金贷款的职工所缴纳的住房公积金，委托商业银行向购买、建造、翻建、大修自住住房的住房公积金缴存人和在职期间缴存住房公积金的离退休职工发放的房屋抵押贷款。

小李认为小张言而无信，于是，向法院提起诉讼，请求法院判决继续履行房屋买卖合同，小张支付购房款及违约金，并承担律师费、保全费等损失。小张提出反诉①，表示自己看过房屋后，发现房屋的阳光房是违法搭建，认为小李有欺诈行为，请求法院判决撤销房屋买卖合同，小李返还购房定金。

法院经过审理认为，签订房屋买卖合同前小张母亲已经实地查看房屋，知道房屋存在搭建的阳光房，且小张曾在微信聊天中表示因资金不足无力购买，故不能认定小李构成欺诈。双方签订的房屋买卖合同合法有效，小张应当继续履行合同。法院支持了小李的诉讼请求，判决小张继续履约，并支付逾期履约的违约金。

小张不服一审判决，向法院提出上诉。

在二审中，小李也不太想继续把房子卖给小张，怕之后麻烦事儿不断，为了快速结束这一切，小李接受了二审法院调解，和小张达成一致，解除房屋买卖合同，小李收取的50000元定金无须退还，小张另向小李支付违约金150000元、律师费损失50000元。

经历一审、二审漫长的诉讼程序，小张虽然如愿解除了买卖合同，但是付出去的定金打了水漂，又额外搭进去200000元的损失。此案充分提示广大消费者，签约前应充分评估自己的履约能力，确定能履约后再签约；签约后，不随意违约。

---

① 反诉，指在已经开始的民事诉讼中，被告针对原告提出的与本诉有关联的诉讼请求，向同一法院提起反请求的一种诉讼行为。反诉的目的通常是抵消或吞并原告的诉讼请求，以保护被告的合法权益。

案例四

露台[①]虽好，违建要拆除

2021年，小张准备买房，她整日浏览各大房源发布平台、各个社交媒体，终于找到一套合适的房子。这套房子位于某小区一楼，看房之后，小张非常喜欢。

小张之所以看上这套房子，不为别的，就因为这套房子有一个很漂亮的小露台，拉开客厅的落地窗就可以进入用木板铺设的小露台。露台四周以低矮的木栅栏圈围，还开了一个小门，拉开小门就能走到小区的支路上；小张看房时正是春天，业主小李在露台上摆满了鲜花，繁花似锦；小李还摆放了一张小桌子和两把椅子，露台显得美丽极了。

尽管房子位于一楼，采光不是很好，听说冬天的时候也不算暖和，但被露台深深吸引的小张还是立刻决定买下这套房子。小张一边看房一边想，住进来之后，就把露台改建成小花园，在里边种点花花草草，天气好的时候就出来喝喝咖啡、晒晒太阳，简直不要太惬意。

于是，2021年3月14日，小张和小李签订了房屋买卖合同，房屋价格是2900000元，合同明确约定，"签署合同前，小李已对房屋产权情况、建筑结构、装修设施、家具家电等情况进行了如实披露；房屋位于1楼，房屋东墙外侧带露台"。

---

① 露台：指建筑结构中一个特别设计的户外空间，露台的主要功能是提供一个与自然直接接触的休闲区域，适合进行户外活动，如日光浴、烧烤、种植花卉或蔬菜、家庭聚会等。它不仅增加了居住空间的实用性，还提升了建筑的美观性，并且可以作为室内空间的延伸，为居住者提供了一个放松身心、享受户外生活的场所。露台的设计和大小可以根据建筑的风格和居住者的需求而变化，有的宽敞足以容纳大型家具和植物，有的则紧凑，仅供小憩或观景。

2022年6月22日，小张成功入住梦中情房，开始了对露台的改造工作。

然而，小张万万没想到，露台还没改造好就被行政部门找上了门，称小张的露台是违建，需要尽快拆除！至此，小张明白，这个露台根本不合法，是小李私自搭建的，自己的"露台梦"悄然破碎。这么大的事，小李在此之前竟然只字未提！

于是，小张愤然起诉小李，请求法院判决小李赔偿自己的损失。

一审法院经审理认为，作为普通购房人的小张，无法从房屋外观来判断露台是否属于违章建筑，且小区内其他房屋也存在违建楼台的情形，小张没有发现露台是违建也情有可原；小李作为出售方，应当如实告知露台的真实情况；小张购买这房子的重要原因就是以为房屋带的露台是合法建筑，但是因为小李未如实告知导致小张判断错误，小李应承担违约责任。因此，一审法院判决小李赔偿小张100000元。

小李不服一审判决，提出上诉，二审法院维持原判。

小张拿到了胜诉判决，但是露台还是要拆除，拆了露台，这套房子就失去了原有的魅力，采光差、保暖差，又潮湿，小张看在眼里的全是缺点，当然是完全开心不起来，满心的失落与无奈。

这个案例中，业主小李也付出了一定的代价，因为未如实披露房屋存在违建的情况，在购房款已经拿到手的情况下，又赔偿了小张100000元。

风险提示

实际交易中存在很多改建的房屋，也存在很多自建小院、阳光房、阁楼的房屋。针对这类房屋，小贝建议广大消费者，务必做到：

1. 仔细查看房屋户型和结构：购房者在看房时要仔细查看房屋户型、结构，向出售方询问是否存在户型改建、是否对墙面（含承重墙）有改动，必要时要求出售方提供产证后附户型图仔细比对。

2. 核实房屋产权和实际范围：在交易前，务必通过官方渠道查询房屋的产权信息，确认产权证上的建筑面积与实际建筑面积是否一致。对于产权证上未体现的搭建部分，如阁楼、阳光房、院子等，要求出售方提供详细的建造时间和背景信息，并实地查看是否存在违建情况。

3. 了解自建部分的历史原因及背景：对于小区内自建的阁楼、阳光房、院子等非产权面积部分，需向出售方详细询问其历史原因和背景。了解这些自建部分是否得到小区物业或相关管理部门的默许或批准，是否有过违规记录，以及未来是否有可能面临拆除风险。

4. 保留所有的沟通记录和证明材料：在整个交易过程中，保留与出售方、中介方以及相关部门的所有沟通记录，包括书面文件、电子邮件、短信、录音等。这些记录在发生纠纷时可以作为重要的证据支持。同时，对于出售方提供的关于自建部分的任何证明材料，也应妥善保存，以备不时之需。

5. 对于出售方而言，如果您出售的房屋存在违建、私自搭建、不计算在房本面积上的建筑、改造等情况，要如实向中介、房屋购买方介绍，做到充分披露，才能保证万无一失，正常出售。

通过以上具体措施，可以在类似场景下有效地规避风险，保护自身的合法权益。

专题六

注意！看房时你观察周围环境了吗？

满意的房子能够给购房者带来的不仅是良好居住体验，更是全家的幸福；而不满意的房子，带来的不仅是当下的困扰，更是长久的芥蒂。那么，看房的时候只看房屋本身就能保证买到满意的房子了吗？未必！除了房屋本身，公用设备、周围环境也同样重要。

本专题希望通过以下案例，提示购买方在购房过程中，除了重视房屋自身的构造、质量之外，还应关注房子的周边环境等，确保买到称心如意的房子。

案例一

房子附近有公厕，看房时没有异议，签约后不能反悔

2023年3月初，在中介方小王的带看下，小张看中了小李名下的一套大平层，双方初步谈定的房屋价格为2480000元。

2023年3月11日，小张以房子附近有公共厕所为由，与小李重新议价，房屋价格调整为2468000元。随后，小张和小李签署了房屋买卖合同，合同约定：房屋成交总价2468000元，定金50000元。签约当天，小张向小李支付了 50000 元定金。

合同签署后不久，小张越想越觉得吃亏，虽然房价便宜了一点，但是心里总是不舒服，这到了夏天厕所的气味得多难闻！于是，小张在绞尽脑汁、多番查阅资料后想出了十分专业的理由，以公共厕所属于嫌恶设施①、影响自己居住为由，要求和小李解除买卖合同、退还定金。

小李心想，签约时拿厕所压价，不想要了又拿厕所说事？于是，小李果断拒绝了小张的要求。

小张心生不满，决定要用法律手段维护自己的合法权益，于是以小李隐瞒嫌恶设施为由将其诉至法院，请求法院判决：解除房屋买卖合同，小李全额返还 50000 元定金。

经过法院一审、二审两次审理，认定小张在购房前已经实地看过房，知道公厕的存在，小李并未隐瞒该事实，不存在欺诈行为；因为公厕的问题小张与小李重新商议了房屋价格，并且达成一致签署了买卖合同，这一行为足以表明小张接受了有公厕存在的周边环境。由于庭审过程中小李与中介方都同意解除买卖合同，于是法院判决房屋买卖合同解除，但是 50000 元定金小李不用退还。

小张没想到这次起诉竟然是搬起石头砸自己的脚，定金泡了汤，还搭了诉讼费。

公厕的存在，对购房者的居住体验确实会有一定程度的影响，但是否达到嫌恶设施的程度，还要根据实际影响程度综合认定；再者，哪怕周边真的存在嫌恶设施，如果购买方在购房前已经知晓，并且在接受的

---

① 详见文末小贝普法。

前提下进行了议价、签约，事后就不能反悔，否则受伤的还是自己。如果买房时对周边环境有要求，那一定要仔细查看，不可草率做决定！

案例二

"婚房"变"忧房"，殡仪馆旁的喜与悲

老张准备为即将结婚的孩子购置一套婚房，位置计划选在自己目前居住的小区附近。老张先是在网上寻找，浏览了很多待售房屋的照片，都不是很满意。看来看去，最终看中了小李的一套房子，这套房子正巧在隔壁小区，房子的照片看起来也没有什么问题。于是，老张联系到小李，提出想实地看房。

小李表示，自己只有下班后有时间，所以只能晚上7点以后看房；老张并没有多想，大家白天都要上班，晚上看房也很正常，没什么不妥。于是，二人约好了于2023年9月8日晚上7:30看房。

看房时，老张仔细地打量着房子，还时不时地询问小李关于房子的居住使用情况：冬天暖不暖和，周围安不安静，物业靠不靠谱……小李耐心地一一解答。随后，二人来到客厅的阳台上，由于天色较晚，老张看不太清窗外的情况，于是询问小李客厅窗外对着的是什么地方，小李告诉他左手方向看过去是个学校，右手方向看过去是个小区。

看过房的老张决定买下这套房子。第二天，老张和小李相约来到小区门口的咖啡馆，签订了房屋买卖合同。为表诚意，老张在签约后先支付了100000元定金给小李。

买完房的老张打算提前把孩子的婚房装修出来，和小张沟通并拿到钥匙后，他于2023年9月10日上午再次到小李的房中，并带着装修

设计师一起上门量尺寸。

在设计师量尺寸的空当，老张来到了客厅阳台，推开窗户想看看风景。这一看不要紧，老张被周围的景象吓了一跳。原来，窗外正对着的除了学校和小区之外，还有市殡仪服务总站，斜对着的是某殡葬服务站点！这么大的事，小李之前根本没有告知。

看着眼前的景象，老张感觉自己受到了极大的欺骗，他完全无法接受孩子喜庆的婚房是这样的环境。于是，他多次找到小李协商，表示不愿意继续购房，希望小李能够给自己个说法。但是，小李认为老张已经实地看了房，而且老张自己也住在这附近，对周围环境应该很熟悉，现在合同已经签完了，小李决定不再理睬老张。于是，老张将小李告上了法庭，希望法律能还自己一个公道。

法庭上，大家各执一词：老张认为，小李只让自己晚上7点以后去看房，摆明了是在诈骗，就是为了不让自己发现房子对面是殡仪馆，而且，当自己询问时，小李也没有正面告知。小李却说老张是在撒谎，小李提出，老张在签订合同后，曾经跟自己商量过解约的事，说自己爱人患病急需用钱，不想买房子了，小李当时没同意，现在老张又拿周边环境说事儿要求解约；小李觉得老张就是想违约，只是找了个理由为自己辩解。

看着大家公说公有理婆说婆有理，法院对这起纠纷进行了深入的调查和剖析：

首先，法院认定在签订房屋买卖合同之前，老张已经对房屋进行了实地查看。作为一个具备生活常识的成年人，在做出如此重大的购房决策时，应当知道不仅要了解房屋内部结构，更要对周边环境进行仔细的观察和了解；虽然老张认为小李故意隐瞒房屋对面是殡仪服务总站属于欺诈，但他是在实地看房后签订的合同，看房时稍加注意就能发现这一情况；且如果买房时有特殊的要求，可以在签约前提出来。

其次，老张所居住的小区与交易房屋所在小区距离很近，这些情况足以认定老张应该知晓房屋周边环境，包括楼下的殡仪服务站。

最后，老张一直主张小李欺骗自己，但是老张并没有提供相应的证据。

最终，法院判决驳回了老张的诉讼请求。

这一判决，可能部分读者没有办法接受，这恰恰提醒了广大消费者，自己才是买房的第一责任人，在买房时，一定要根据自己的需求多问、多看、多评估；可能没有完美的房子，但是自己多考虑一点，就能避免一些本可以避免的问题。

案例三

楼下是烧烤摊，你能接受吗？

2022年4月，计划买房的小张经朋友介绍，认识了正在卖房的小李。在小李的带领下，小张来到小李的房中看房。

小李的房子在二楼，这栋楼处在小区边缘，临街，一楼是商铺。意识到这一点的小张有些担忧，毕竟临街楼下又是商铺的房子肯定不安静。但是看房的时候，小张发现房子的隔音非常好，窗户一关完全听不到外面的声音。小李告诉小张，当年装修的时候，窗户和门用的都是昂贵的隔音的材料，且窗外的道路并非主路，自己在这住的时候，一般晚上8点过后就不会有车经过了，还是很安静的。

> 安家： 99 个故事教您买卖二手房

小张放下心来，又仔细查看了房屋，没有发现任何质量问题，也很满意房子的装修风格，于是准备买下，二人约定一周后签订房屋买卖合同。小张离开时，发现房子楼下似乎是一家餐饮店，但是店门口看起来很干净，也不吵闹，小张也就没放在心上。

2022 年 4 月 10 日，小张与小李签订了房屋买卖合同，约定小张购买小李名下的房屋，成交价为 955000 元；该合同仅对房屋本身的情况进行了约定，对房屋所处的周围环境没有作任何提及。签约后，小张向小李支付了 30000 元定金。

签约后的某天晚上，小张溜达到新房子附近，他发现原来楼下的餐饮店竟是一个烧烤店，此时正处于营业高峰，店内食客众多，烧烤产生的浓烈气味弥漫在空气中，且喧闹声此起彼伏。小张的心慢慢"凉"了下来，心想这样的房子怎么可能住得舒服？他随即怀疑小李在带其看房时故意选择白天，以避开烧烤店营业时段，从而隐瞒这一不利因素，存在欺诈的嫌疑。

基于此，小张迅速与小李取得联系，郑重提出解约，并要求小李返还已支付的定金。小李对此感到十分诧异与不满，称自己已近 10 年未在该房屋居住，对周边环境的变化毫不知情；而且签约前小张也实地看了房，这个烧烤店不是流动摊位，小张完全能够注意到，也能意识到烧烤店到了晚上难免吵闹，于是果断拒绝了小张的要求。

几番沟通无果，小张以小李未如实告知不利因素为由起诉到法院，请求：解除买卖双方签订的房屋买卖合同，小李返还定金 30000 元。

经过查明、审理，法院认定：小张在签约前已经实地考察过房屋环境，了解到周边存在烧烤店铺，应该知道店铺夜间经营的情况，小李并没有故意隐瞒，并且合同中对此也没有特别约定，小李不构成违约，所以判决驳回小张的全部诉讼请求。

小张对一审判决结果极度不满，提起了上诉。

经过此事，小李也不太想把房子卖给小张了，他觉得即便法院判自己胜诉，合同继续履行，后续跟小张的沟通也将十分不愉快。于是，小李向二审法院说明了自己的想法。鉴于此情况，法院秉持着妥善化解矛盾纠纷、维护当事人合法权益的原则，积极组织双方进行调解。经过多轮耐心的沟通与协调，最终小张、小李双方达成一致意见：解除房屋买卖合同，小李将30000元定金如数返还给小张。

案例四

午夜电梯惊魂，谁来守护我的一夜好梦？

2022年3月，小张通过某中介平台，看中了小李的房子，几次看房之后决定购买；3月25日，小张与小李签署了房屋买卖合同，小李将房屋以2600000元出售给小张。

签约后，依照房屋买卖合同的约定，小张付清了全部购房款。2022年5月10日，房子过户登记到小张名下，随后小张全家兴高采烈地入住了新房。

可谁能想到，入住竟是噩梦的开始。搬到新家的小张一家，白天并没觉得房子有什么不对，但到了夜深人静的时候，才发现房子的隔音效果非常差，尤其是主卧，由于临近电梯，每日电梯运行的噪声异常明显。一旦有人在深夜使用电梯，睡眠浅的小张夫妇就会惊醒，一夜都睡不好。时间久了之后，小张觉得自己快要神经衰弱了。

2022年6月26日，小张委托了某专业检测公司对电梯噪声进行检测，检测结果显示主卧及客厅的噪声数值均超过了《社会生活环境噪声排放标准》（GB 22337—2008）的规定。

200多万元买的房子，入住后却每日深受噪声污染之痛苦。小张在心里叫苦不迭：如果自己提前知道这一缺陷，是断然不会贸然高价购房的。

2023年2月10日，求助无门的小张走上了起诉之路，以小李未尽到如实告知义务、故意隐瞒为由，要求法院判令小李赔偿200000元。

小李抗辩：

1. 小张卖房时并未提出自己对房屋隔音有要求，双方在房屋买卖合同中对隔音问题也没有任何约定，自己也没有向小张做出任何承诺；

2. 电梯属于公共设施，日常检修、维护、降噪、减震处理等归属于物业公司，与自己无关；

3. 合同签订前，小张已对房屋及周边电梯进行实地查看，作为购买方，小张应在购房前充分了解房屋所在楼层位置、周边环境等基本信息，而小张决定签订房屋买卖合同，应认定为已经知晓并认可房屋基本信息及状况；

4. 小张提供的证明房屋噪声超标的《检测报告》不应被采纳，因为报告中适用的《社会生活环境噪声排放标准》不适用于住宅，且报告没区分"昼间""夜间"，缺乏专业性。

因此，小李认为小张的起诉毫无依据。

经过调查、取证，法院认定：购房前，小张对房屋进行了实地查看，在签约前已经充分了解了房屋所在楼层的位置、周边环境等信息；而房屋噪声因公共电梯间产生,公共设施的日常维修、降噪、减震处理等本身也不属于小李的义务。综上,法院驳回了小张的全部诉讼请求。

小张虽对判决不满,但与物业协商后,物业着手对电梯采取隔音降噪措施,虽不能完全消除噪声,但已有所改善。小张也慢慢接受现状,同时将此次经历分享给身边人,提醒大家购房时要全方位考量,暂时难以确定的情况也要约定到合同里,切莫重蹈自己的覆辙。

风险提示

小张的遭遇也是每一位购房者在购房过程中可能遇到的问题,仓促看房,激情签约,事后又容易后悔。在这里,小贝对消费者提出以下建议:

1. 看房要多次、全面

多次:看房是一场持久战,不要期望一次性观察到房屋所有细节,在不同天气、时间段下看房,有助于了解不同状态下房屋整体的采光、通风、噪声、漏水、保温、安保等状况。

全面:人是环境的产物,良好的周边环境、配套能显著提升居住的幸福感。部分购房者往往只重视房屋自身,或关注房屋周边的"利好设施"(如学校、医院、公园等),却容易忽视小区、物业、邻居等周边人文、社会环境中的嫌恶设施等。看房时也要关注房屋周边环境,关注有无垃圾站、殡仪馆、加油站等对居住产生实质或心理层面负面影响的设施设备。

2. "丑话说前头",特殊需求要提前约定

出售方的披露义务是有限的,且往往围绕房屋自身。若购买方对

周围环境有高于一般人的特殊需求，如对噪声敏感、要求周边空气质量好等，应在签约前告知特殊需求并向对方进行问询，并落实到书面的房屋买卖合同中，明确相关责任。

总而言之，买房是大事，务必谨慎小心，不仓促决定、不盲目签约，充分做好前期考察与准备工作，全方位保障自身权益，实现安心购房、舒心居住。

小贝普法

什么是嫌恶设施？

目前，法律对嫌恶设施并没有明文规定，通常认为，嫌恶设施是指房屋周边存在的、有可能对居住品质造成影响或对居住人群的身心健康造成危害的固定设施，如加油站、垃圾场、变电站、火葬场、殡仪馆、传染病医院、牲畜屠宰场、危险品仓库、核电站、化工厂、液化气供应站等。

在现代社会，由于居住干扰的来源增多，工厂、商场、住宅等都能成为干扰邻人的来源，一方面，这些干扰形态更多样：烟、臭气、噪声等排放问题屡见不鲜，毒物、震动甚至电子干扰等形态也日益增多；另一方面，干扰范围也更为广泛，这很容易给居住者带来更多困扰。但是，并非购买方主观认为的任何一项不利因素都称得上嫌恶设施，基于对公众利益的考量，在相邻关系中居住者通常负有一定的容忍义务，不能以一个人的主观感受作为嫌恶设施的认定标准。

专题七

闹心的近邻，不符的楼龄

买房买到和精神病人做邻居，并被精神病人恐吓威胁，这种小概率事件真实发生过。一旦发生在自己身上，会让人苦不堪言；在事先毫不知情的情况下，买到"年龄"比自己还大的房子，也会让人难以接受。

二手房交易中，除了房屋买卖合同通常会约定的非正常死亡事件、漏水等问题，邻里关系、房龄等其他偶发隐患，也可能成为影响交易成功的关键因素——如果购买方事先没有明确询问出售方相关情况，也没有在合同中进行对应约定，那么，当心买房从喜事变成烦事。本专题希望通过以下案例，提示交易双方应尽可能了解清楚房屋和周边的情况，包括近邻和房龄的状况等，避免买房踩坑导致追悔莫及。

案例一

邻居突然攻击我，不堪其扰，这样的房子能退吗？

2022年7月，小李和小张通过中介方经纪人小王签订了房屋买卖合同，小李将其名下的房产出售给小张，成交价格为550000元。合同约定小李对于房屋是否发生过非正常死亡事件、漏水、白蚁蚁患等负有如实告知义务。就此，小李向小张打包票承诺，在他持有房屋期间，房子既没有发生过非正常死亡事件，也没有漏水或者白蚁问题，让小张不用担心，放心入住。

合同签订后，小张爽快地支付了房款，房屋也很快过户到小张名下。此时的小张没想到后来这套房子竟成了全家的心头大患，搅得他们整日不得安宁。

2022年9月13日，小张拿到了房屋钥匙，开始着手对房子进行装修，考虑到家里孩子才1岁多，小张夫妻俩没有做大规格的改动，只决定添置一些新的家具和家电。

在这个过程中，小张偶尔会到新家去收快递或打扫卫生，她渐渐发现，隔壁的赵阿婆每次都会打开门，一言不发地盯着她。最开始小张还热情地打招呼，想着拉近下邻里关系，毕竟远亲不如近邻，说不定以后还能互相有个照应。然而，阿婆从来不做任何回应，反而转身"砰"地一声把门关上。小张觉得自己热脸贴了冷屁股，有些不快，但想着以后少打交道就是，便没再多想。

2022年10月25日，小张一家三口搬进了新家，然而，还没来得及高兴多久，他们一家便惨遭飞来横祸。搬家当天晚上，一家人正在吃晚饭庆祝乔迁，他们把门开着，想通通风，没想到邻居赵阿婆突然拿着菜刀冲了进来，一阵乱刺。为了保护妻女，小张的丈夫小刘连忙挺身而出拦住阿婆，导致自己的胸部、左肘等多个部位被刺伤。好在值班保安帮忙报了警，邻居赵阿婆才最终被制服，小刘也才得以被送往医院救治。

小张在医院一边因为担心丈夫情况而落泪，一边回想入住前跟阿婆的几次接触，她自认没有得罪对方的地方，始终想不通为何会遭此无妄之灾。突然，小张想起刚才送丈夫下楼的时候，似乎听到其他出来看热闹的邻居嘀嘀咕咕了几句"疯子""又砍人了啊"，小张察觉不对劲，于是通过业主群向其他住户打探消息，最终了解到原来赵阿婆是精神不太正常、情绪非常不稳定，该楼层时常发生阿婆攻击住户的情况。在这件事情发生后，阿婆又多次上门骚扰小张和他的家人。

小张终日提心吊胆，无法安心居住，认为这么严重的情况小李不可能不知道，却未告诉自己，构成违约，遂对小李提起诉讼，要求小李退还全部房款，并支付违约金、医疗费等。

被告小李在庭审中表示，小张关心的事项在合同中都做了约定，小李也对此做了承诺，自己并没有违约，合同也没有涉及邻居是否为精神病人的约定。此外，小李在这个房屋里居住了五六年，经常是两个上小学的女儿独自在家，居住期间也从来没发生过这样的事。因此，小张指责他恶意隐瞒房屋邻居是精神病人、会时常攻击他人不成立。

法院经审理后认为：

根据房屋买卖合同可知，出售方小李对邻居阿婆是否精神正常、是否会攻击人没有告知的义务；小张也没有证据证明其曾对邻居状况进行过询问，且小李对此有意隐瞒。小张作为购买方，对涉及自身重大利益的房屋买卖事项应当持谨慎注意义务，在购房之前应充分了解房屋情况，慎重选择。

最终，法院驳回了小张的全部诉讼请求。小张悔恨不已，心想要是第一次注意到邻居异样的时候就赶紧询问小李情况，或者在购房前多打听打听邻里关系，可能也不至于搞成现在这样。

在经历了诉讼的挫败后，小张开始积极自救。她先是联系了社区和物业，希望能够对自己所居住的单元加强巡逻力度，同时加强了家庭安全防护，更换了更安全的防护门锁，并在门口安装了24小时的摄像头。同时，她也与赵阿婆的家属进行了沟通，希望他们加强对赵阿婆的看护。在社区、物业及家属的共同努力下，赵阿婆攻击他人的事件没再发生过，小张一家逐渐找回了往日的平静。

案例二

纵使房龄有误解，合同不能任意解

小张目前所居住的房子是在20世纪80年代建成的，由于小区比较老旧，难免会存在一些大大小小的瑕疵。如楼道和房屋整体外观都很老旧，不美观；房子电路很不稳定，每到夏天家家都开空调的时候，偶有跳闸情况发生。最令小张在意的是，小区的排水系统不是很好，每逢雨季，小区里都会有大量积水，泥泞难行，小张深受其扰。于是，2021年4月，小张准备换房。

经过多种渠道的找房、看房，小张最终选择了小李的房子。这套房子户型周正，周边配套齐全，交通也很便利，并且小区去年刚刚集中改造过，重新做了排水系统，不用担心小区内积水难行的问题，小张很是满意。美中不足的是，房子外观看起来有点老旧，小李表示，这是因为房子是20世纪90年代建成的。

听到小李这么说，小张犹豫了，毕竟自己之前住的就是老房子，深知老房子可能存在诸多不便。但思索过后，小张觉得小区刚刚结束老旧小区改造工程，水电燃气等线路、管道都刚刚换了新的，而且小李房中的装修非常不错，性价比很高……这样看来，房龄的美中不足是可以接受的，对生活应该不会有什么影响。

于是，小张还是决定买下这套房子，和小李签订了房屋买卖合同，合同约定：

小张若拒绝购买该房屋或逾期履行合同约定的义务超过15日的，构成根本违约，小李有权以书面通知的方式解除房屋买卖合同，并有权没收小张的定金或要求小张支付房屋转让价20%的违约金。

合同签订后，小张爽快地支付了第一笔定金100000元。

某天，小张闲来无事，在网上搜索该小区的情况，一篇文章让小张如遭晴天霹雳——原来房子的建成时间是1983年！他知道房子老，却不知道有这么老！

本就因房子房龄较老心怀芥蒂的小张一时间接受不了这个事实，也不愿意继续履行合同，于是向法院提起了诉讼，将小李列为了被告。

小张认为，这套房屋的实际房龄与小李披露的严重不符，使得小张对于房屋使用期限和品质产生错误认识，构成重大误解，要求撤销房屋买卖合同，小李返还其已支付的100000元定金。

小李接到法院的应诉材料后，特意去房管局跑了一趟，根据查询到的资料，房子真实的建成时间是1989年，和自己签约前告知小张的大差不差。小李认为小张仅由于这个原因就拒绝继续购买房屋，构成根本违约，于是同步提起了反诉，主张解除双方签署的房屋买卖合同、小张向其支付违约金。

法院经审理后认为：

房屋价值的构成因素众多且复杂。根据双方提供的证据，虽然可以证明房屋建成时间为 1989 年，与小李声称的 20 世纪 90 年代建成有所偏差，但小张对房屋建成年代的误解，不当然构成他对房屋质量、价值认知的理解偏差，小张也没有提供证据证明由于该误解，导致自己受到损失，因此，小张对房屋房龄的误解不能构成重大误解。小张和小李签订的房屋买卖合同真实有效，小张在合同签订前以及合同签订时都没有对房屋的房龄做进一步询问，合同上也没有做任何约定，因此，小张不能以此为由拒绝履约。由于小张未按照合同的约定履行主要义务，导致合同无法继续履行，应当承担相应违约责任。

由于二人都希望解约，法院最终判令房屋买卖合同解除，小李向小张返还定金 100000 元，小张向小李支付违约金 200000 元。

经过这一番折腾，小张不仅没买成房子，还倒贴出去 200000 元违约金，小张十分后悔。心想以后再买房子，关注的问题一定要弄清楚再做决定。

风险提示

以上案例提示消费者：

1. 购房前应主动深入考察房屋及周边情况，如邻里关系是否和谐、有无特殊隐患等。可以通过加强与出售方的沟通、向物业进行了解、走访邻居、查看社区公告或浏览社交媒体信息等方式进行调查，不能仅依赖出售方承诺，务必自行多渠道全面了解，减少事后爆雷的概率。

2. 对于关注的房屋关键信息，如房龄等细节，建议清晰明确地写入合同条款中，为自己提供合同的保障。

专题八

地铁房终成"泡影"

地铁房通常指的是位于地铁站口附近的房屋,随着城市交通的发展和人们出行方式的改变,购房者对地铁房的需求逐渐增加,其房价和升值空间也受到广泛关注。尤其是在一线城市,地铁房十分抢手,一房难求。然而,对于那些尚处于规划蓝图之中、尚未破土动工的地铁线路而言,在其真正落地建成之前,任何变化都有可能发生,一切都是未知数。

本专题希望通过以下案例,提示广大购买方在面对规划中的地铁等配套设施信息时,务必秉持高度审慎的态度,进行全方位、深层次的考量,切不可仅凭一时冲动或片面信息便盲目做出决策,以免最终期望破灭,陷入被动不利的购房困境之中。

案例

小道消息不可信,鲁莽购房终成空

2021年,小张决定结束在国外多年漂泊的生活,回到祖国母亲的怀抱。回国后的小张,准备买一套房子用于生活,于是从2021年4月

开始，小张便踏上了找房之路。他穿梭于城市的各个角落，看了数套房屋，综合对比每套房屋的地理位置、楼层、小区环境、学区、装修、价格等信息，希望能够找到一套最优质的房子。

在众多选择中，出售方小李的房屋和其他小区的几套房子让他陷入了两难的抉择，这些房子各有优劣，很难选择。就在小张犹豫不决的时候，他无意间看到某知名博主发布了一篇文章，这篇文章特别提到了在未来五年的政府规划中，小李房屋所在小区附近会建设地铁。看到这些信息，小张心中犹豫纠结的天平几乎瞬间倾斜，毕竟地铁代表着出行便利，代表着会逐渐建设起越来越好的周边配套设施，还代表着再次出售房屋会给自己带来的溢价。小张觉得自己抓住了一个难得的机遇，于是，他不再犹豫，决定购买小李的房屋。

2021年5月19日，小张和小李签订了房屋买卖合同，约定房价为4200000元。小张在签订合同的当天就向小李支付了150000元定金。

2021年5月21日，小张看到某博主的文章中说，市交通运输局在给市政协委员的答复中再次明确，政府计划在交易房屋所在小区的周边建设地铁。这个消息就像一颗定心丸，让小张更加坚信自己做出了一个无比正确的决定。

2021年7月3日，小张和小李办理了过户手续，房屋终于过户至小张名下。拿到房本的小张沉浸在即将入住理想家园的喜悦中。

然而，7月21日，某知名媒体发布的一则新闻打破了小张的美梦，新闻中提到在最新的地铁规划方案中，小张新房子附近的地铁建设计划被取消了，小张对地铁房的美好愿景也不会成为现实了。

失落的小张直接将小李告上了法庭，声称小李曾经承诺小区附近会建地铁,自己是出于对小李的信任才决定购房的,现在小李所说的地铁不存在了,小张认为其受到了欺诈,要求撤销房屋买卖合同,并要求小李退还房款。

法庭上,小张和小李针锋相对,气氛剑拔弩张。经过仔细审理,法院最终驳回了小张的全部诉讼请求。法院给出的理由清晰而有力:

根据小李提供的微信聊天记录截图,在双方签订房屋买卖合同之前,小李曾明确说明小区旁边的地铁线路规划仅是"传言""具体还不确定""还没开始建,只是一个规划"等内容;而且后期关于地铁口的规划信息,也并非小李告知小张的,而是小张通过媒体等各种渠道自行获取的。所以,从这些情况来看,无法认定小李存在故意隐瞒或欺诈。

反观小张,作为一个认知正常且具有较高学历水平的成年人,有条件、有能力去核实所谓"地铁线路规划"的真实情况。而且小张曾在与小李的沟通中表示"那些规划还早得很""早就有了,但也没见下文",从这些语句中可以看出,他对于地铁线路规划并非确定之事是有清楚认知的。所以,小张所说的基于对小李的信任购房这一理由不符合常理。

小张垂头丧气地走出法庭,他心中满是懊恼。买房是人生中的大事,应该谨慎再谨慎,考虑周全各种可能影响生活水平和房子价值的因素,他却被地铁规划这个单一因素冲昏了头脑,冲动行事。如今,他只能为自己的鲁莽买单……

风险提示

小张的经历告诉我们,在购房过程中需要综合考虑房子的各类因素，不要为不确定的事项冲动买单。规划中的配套设施是否能够成功落地建设，存在较大的不确定性，尽量不要基于投资心态购房。

在这里，小贝建议广大消费者做到：

1. 购房决策需全面考虑。购房是人生中的重大决策，涉及大量资金投入，也关系着购买方入住后的生活质量。因此，在决定购房前，购买方应全面考虑各种因素，包括交易房屋的地理位置、楼层、小区环境、学区、装修质量、价格以及周边配套设施等，以综合判断是否符合自身的购买需求，同时，应尽量避免过度依赖某项单一因素而冲动作出购房决策，导致决策失误。

2. 注重信息核实。决定购房前，购买方可以亲自调研周边的建设规划，不要仅仅依赖他人的表述。比如，可以通过政府官方网站（如当地的规划局、交通运输局等相关部门的官网）查询城市的总体建设规划信息；除了官方渠道，还可以通过本地的权威报纸、电视台等媒体了解信息，相关媒体一般会对重大建设项目有跟踪报道。

3. 持续关注建设实况。如果已经大致确定周边有地铁规划，建议购买方持续关注其建设进度：可以通过关注政府的公告、新闻发布会的方式，或者通过关注相关建设单位的官方公众号的方式，全方位掌握诸如施工招标、开工仪式等关键信息。倘若长时间不见有实质性的建设动作，那么就有必要重新审慎评估购房决策。

专题九
定金罚则，了解一下

在房屋买卖交易过程中，买卖双方经常会在签订正式的房屋买卖合同前约定一笔定金，并签订房屋买卖定金协议（以下简称定金协议），希望通过这种方式来表达彼此的诚意，同时希望通过定金罚则[①]来约束双方及时签订正式的房屋买卖合同。

但在签署了房屋买卖定金协议后，存在很多原因会导致交易双方无法如约进行正式合同的签署，此种情况下，一般不愿正式签订房屋买卖合同的一方会寻找各种借口来论证自己购房/售房意愿发生变化的合理性，这些借口有的是在签署定金协议的当下无法准确预测的，有的是在定金协议中并不会做详尽约定的。正是前述原因，常常导致买卖双方就未签订正式房屋买卖合同的责任认定问题产生分歧，并各执一词，都倾向于将责任归咎于对方。

定金协议绝非一纸空文，它承载着双方的信任与承诺。那么，违反定金协议的一方会承担什么样的责任呢？人们常说的"定金罚则"

---

① 详见文末小贝普法。

又是什么呢？让我们走进本专题的故事。

案例一

定金协议签署后购买方违约，定金不退还！

小李和小张本是门对门的邻居，某天，二人在小区偶遇，便聊了起来。聊天中，小张得知小李正在卖房，这引起了小张强烈的兴趣。二人虽是邻居，但两套房子的户型完全不一样，小张的房子是一套60多平方米的小两居，小李的房子则是一套150多平方米的大四居。这些年来，小张结婚、生育子女，家庭成员渐渐多了起来，越来越觉得现在的房子过于狭小，完全满足不了自己一家的居住需求，正想着换一套大房子。如果小李准备卖房的话，那真是再合适不过了，搬进对门不能算是搬家，正好免去了大家适应新环境的困扰。想到这里，小张向小李表达了自己的购买想法。

双方一拍即合，于2020年4月15日签订了定金协议，约定：

1. 小张以商业贷款的方式购买小李名下的房屋，成交价为9380000元。

2. 本协议签订当日，小张应支付100000元定金。

3. 双方应当在定金协议签订后15个工作日完成房屋买卖合同的签署。

4. 若小李违约，小李应向小张双倍返还定金；若小张违约，则小李已收取的定金不予退还。

定金协议签订当日，小张依约支付了100000元定金。

在这之后，小张前往多家银行咨询贷款申请事宜，各银行都表示预计批贷金额不会超过房屋评估价格的五成，具体以银行最终批贷结果为准。银行预估的批贷金额远远达不到小张的预期。

第二天，小张通过微信与小李进行沟通，表示贷款资料还存在一些问题，银行那边进度也不明确，希望小李有个心理准备。同时表示如果申请不到足够的贷款，就无法继续购买了；为了不耽误小李卖房，小李可以继续让其他人来看房。小李不满地说："要是这样，那就解约吧！"小张思索了一下，觉得一直吊着小李也不厚道，便同意了。但小李表示，定金不会退还给小张，因为买卖无法继续进行是小张违约造成的。

之后，小张多次找到小李沟通，表明自己也是实在没办法了才不继续买房的，希望小李能把定金退还给自己，小李一直不同意。最终，小张将小李诉至法院，请求法院判决：小李返还定金100000元并支付对应的资金占用利息。

法院经过审理认为：小张并未按照定金协议的约定在签约后15个工作日内完成房屋买卖合同的签署，小张的行为构成根本违约。商业贷款可申请的金额较低并不足以免除小张的违约责任，且作为购买方，支付款项本是其应履行的主要义务，具体能否贷款成功或实际能获得多少贷款金额由银行最终决定，无法获得贷款也应由小张自行补足差额。因此，小张应当承担违约责任，其已经支付给小李的100000元定金，小李无须退还。

因此，法院驳回了小张的诉讼请求。

拿到判决的那刻，小张认清了自己的违约事实，本来想的只是交个定金锁定房子，没想到定金协议对自己也有这么严格的履约要求，小张为自己法律意识的淡薄付出了沉重的代价。

案例二

定金协议签署后出售方违约，双倍返还定金！

小张最近准备换一套房子，因为自己最近跳槽了，新公司离自己现在居住的地方很远，小张每天都要花三四个小时的时间通勤，这令小张疲惫不堪；加之自己家的孩子快上小学了，为了给孩子创造更优质的教育环境，同时缩短自己的通勤距离，提升生活幸福感，小张将目光锁定在了市中心的二手房上。

2020年11月，小张看中小李名下的一套房子，无巧不成书，小李的情况跟自己类似，也是因为工作变动和孩子上学准备换一套房子，需要先把现在居住的房子卖了才有钱换房。目标相同的两个人很快便就房屋买卖事宜达成了初步意向，小张准备买下小李的房子。

2020年11月7日，二人签订了定金协议，该协议约定：

1. 房屋交易价格为1980000元；

2. 小张于协议签订当日向小李支付购房定金40000元，双方于协议生效后的10日内签署房屋买卖合同；

3. 双方同意于2021年3月20日交付房屋；

4. 如果小李违反本协议约定导致房屋交易合同无法正常签署的，小李应双倍退还小张已支付的定金。

当日，小张依约向小李支付定金40000元，双方约定于一周后签订正式的房屋买卖合同。

2020年11月14日，双方相约来到某咖啡馆，准备签订正式的房屋买卖合同。没想到，小李却在此时提出新的要求：小李表示，虽然定金协议中约定2021年3月20日交房，但其实自己家的孩子要到6月才小学毕业，希望小张能够同意把交房的时间往后延一延，等孩子毕业就立刻搬走。

小张听闻后，内心十分纠结，一方面理解小李作为家长的心情；可另一方面自己的计划也早已安排妥当，于是只能坚定地拒绝了小李的要求。

见小张态度坚决，小李表示不再签订房屋买卖合同，并愿意给小张2000元作为解约补偿。但小张坚决要求按照定金协议的违约条款执行，小李应当双倍返还自己定金；二人未能达成一致，不欢而散。

此后的日子里，小张心中仍抱有一丝希望，盼望着小李能回心转意。2020年11月19日，他怀着最后的期待，向小李发送了催告函，言辞恳切地要求小李于2020年11月26日配合签订房屋买卖合同，并郑重声明，若小李逾期仍未履行义务，自己将依法追究其违约责任。小李于2020年11月20日签收后，觉得自己已经表明不卖，所以定金协议已经解除了，便未予理会，转身将房子重新卖给了别人。

小张得知此事后，直接将小李诉至法院，请求法院判决：解除买卖定金协议、小李双倍返还定金。

法院经过审理认定，签署定金协议的目的是担保房屋买卖合同的签订。定金协议约定，小张与小李应当在签订协议后的10日内签署房屋买卖合同，小张按约支付了购房定金，但小李拒绝签订房屋买卖合同并已将房屋出售给他人，构成违约。按照双方签署的定金协议，小李作为违约方，理应双倍返还定金给小张。最终，法院公正地支持了小张的诉请，维护了他的合法权益。

风险提示

由于定金协议约定的内容通常较为简单，不像房屋买卖合同那样正式，导致很多消费者不够重视，没有细致核实定金协议里关于交易的各项安排是否可行，轻率同意签约，而实际却无法履行，以致产生纠纷。在这里，小贝建议广大消费者，务必做到：

1. 在签署定金协议或者支付定金之前，务必充分考虑自己及家人的履约意愿，评估自己的履约能力。应当提前了解房屋买卖所涉及的相关政策及后续流程与相关材料，要充分考量自身的情况，充分评估自己的履约风险，尽可能避免违约。

2. 签订定金协议时，应谨慎对待协议内容，切不可因为是定金协议而降低签约要求。针对定金协议，买卖双方应当明确且详尽地约定交易的核心内容，如签署正式合同的时间/条件、违约责任条款、房屋价款、购房款支付方式等。

小贝普法

什么是定金罚则？

根据《民法典》第五百八十七条的规定，债务人履行债务的，定金应当抵作价款或者收回。给付定金的一方不履行债务或者履行债务不符合约定，致使不能实现合同目的的，无权请求返还定金；收受定金的一方不履行债务或者履行债务不符合约定，致使不能实现合同目的的，应当双倍返还定金。

定金罚则，即如果给付定金的一方违约，则无权要求返还定金；如果收受定金的一方违约，则应双倍返还定金。

专题十

办理假资质，付出真代价

房屋交易过程中，各类交易资质（贷款资质、购房资质、售房资质等）会直接决定交易能否顺利进行，可以说交易资质是房屋交易的入场券。一些人在面对没有入场券的购房难题时，容易被看似便捷的"近路"所迷惑，却不知这些"近路"可能通向违法违规的深渊，不仅让购房梦破碎，还可能使自己陷入经济与法律的双重困境。走捷径意味着更快，而更快的尽头未必是成功，也可能是欲速则不达。

本专题希望通过以下案例，提示购房者在购房过程中，坚守诚实守信的底线，不要为了买/卖房盲目走"捷径"。

案例一

征信状态不良？歪门邪道可走不通！

2021年，小张和女友终于结束了十年的爱情长跑——领证了！小两口盘算着，应该买个房子当婚房，在新房子里开启人生新的篇章。刚刚成家的二人手头并不宽裕，如何买到"物美价廉"的房子，令二人伤透了脑筋。由于女友工作繁忙且经常出差，找房的重任就落在了小张的头上。于是，小张找到某中介公司的"资深"经纪人老孙，希望老孙能帮他们找一个合适的房子。

2021年5月，寻觅许久的小张终于看中了一套各方面都很合适、极具性价比的房子。老孙告诉小张，可以通过贷款的方式购房。小张尴尬地表示，自己前些年做生意不是很顺利，有过几次还款逾期，对自己的征信不是很自信，担心因为自身征信问题导致贷款审批不通过。

在老孙的指导下，小张将自己的征信报告打印出来发送给了老孙。几天之后，老孙打来电话说："我咨询过专业人士了，你这个是小问题，不影响！实在不行，我们还有消除不良征信的办法，非常专业，你就放心买房吧，肯定没问题！"小张意识到，老孙所指的"专业路径"，大概率不是什么合法路径，但听到老孙信誓旦旦的说辞，也就不以为意，放下心来。

2021年6月4日，小张在老孙的组织下与出售方小李签订了房屋买卖合同，小张以950000元的价格购买了小李的房屋，合同约定：

1. 小张以商业贷款的方式向贷款机构申请购房贷款600000元；若小张因自身原因未获得贷款机构批贷或批贷金额低于600000元的，小张应自行筹集剩余房款。

2. 小张逾期履约超过15日的，构成根本违约，小李有权单方解约，并有权要求小张支付违约金，违约金的数额为总房款的20%；除此之外，小张须承担小李因诉讼维权所花费的诉讼费、保全费、律师费、交通费等费用损失。

当天签约完成后，小张向小李支付了50000元定金。

2021年7月2日，小张和小李去银行做了第一次贷款申请，但因为小张的征信实在是不容乐观，银行审批未通过。

小张很是着急，自己实在没有办法再去筹600000元了，立即找到了老孙，表示此前他明确向自己承诺过可以批贷，让他给个说法。

老孙马上翻开自己的通信录，拨通了某第三方"专业外包公司"的电话，当着小张的面和外包公司沟通了消除征信不良记录的报价，外包公司的对接人告知小张，因为他的不良征信记录太多了，彻底消除到不影响贷款的程度大概需要60000元，不然做不了。

面对这笔不小的费用，小张犹豫了。老孙见状，就给小张算了笔账：如果他迟迟拿不到贷款，小李是有权利提出解约的，小张对此要承担违约责任，也就是要支付总房款20%的违约金，足足190000元，说不定还要承担小李的维权费用，总体算下来差不多要赔20多万元；再拖下去，损失更大。

小张又看了看合同，白纸黑字写得清清楚楚，确实是这样约定的。于是小张决定接受老孙的建议，和老孙推荐的外包公司签了一份代消不良征信的协议。老孙要求小张将服务费先支付给自己，自己再转交给外包公司，小李应允。但其实，老孙拿到钱后，依据其与外包公司之间的"不成文约定"，自己留下了10000元，将余下的50000元转付给了外包公司。

2021年9月3日，小张和小李再次来到银行，进行了第二次贷款申请。没想到，这一次的贷款审批仍未通过。

银行告诉小张，他无法再次办理贷款了。小张无奈只能先四处筹钱，但能找的人都找遍了还是没能筹齐。于是，小张找到外包公司的对接人，准备要个说法，没想到，小张此前和这个公司签订的协议中明确约定：该公司"不承诺成功消除征信不良记录"。小张傻眼了，只恨自己没有看仔细，现在是哑巴吃黄连，有苦难言。

小张深知自己当前进退两难，于是请求小李能再宽限几个月，自己会继续筹房款，并表示愿意多给小李一笔钱作为补偿。

但小李不想再等了，便将小张告到法院，要求解除房屋买卖合同，主张小张支付违约金和律师费。

由于小张违约的事实十分清晰，法院判决房屋买卖合同解除，小张支付小李违约金、诉讼费、律师费共计123000元。

无法面对自己房财两空的小张另案起诉了中介方，主张经纪人老孙存在不当承诺和欺诈行为，要求中介方退还中介费用22000元，并赔偿其经济损失费183000元（前案法院判赔小李的123000元+消除不良征信服务费60000元）。

但因小张本身也轻信不良征信可以消除，与第三方外包公司达成协议，对此也存在过错，法院认为小张应对自己的行为承担一定责任，所以，在法院的主持下，小张和中介方达成了调解协议。经调解，中介方退还了全部的中介费用并赔偿小张38000元。

小张在通过诉讼途径维权的同时，也向中介公司投诉了经纪人老孙。中介公司很快对老孙发起了调查，查实老孙确实存在不当承诺、与第三方勾结损害小张利益等违规行为，这些行为已经严重违反了公司的规章制度，中介公司据此对老孙做出开除且永不再录用的处罚。

事情暂时告一段落。但收到赔偿的小张却高兴不起来，辛苦忙活一阵子，房子没到手反而损失了十几万元钱，这该如何向家里人交代？

小张打算继续追究外包公司的责任，却发现该外包公司已经注销了工商登记，小张前往该公司发现早已人去楼空……小张追悔莫及，看着空无一人的办公室，不知自己的维权之路还要怎么继续走下去。

案例二

办个假学历买房，能成功吗？

2021年6月，搬到A城生活了几年的小张准备安定下来，在A城买套房子，于是联系到某中介公司的经纪人小王，希望小王能帮自己找一套合适的房子。

但小张并没有A城的购房资质，小王告诉小张，当地有人才认定政策①，如果学历符合要求就可以获得购房资质。但小张表示，自己的学历情况并未达标。于是，小王建议小张再等等，等他的社保缴纳期限满五年，也能获得购房资格，到时再张罗买房的事儿也不迟。

小张算了算，自己的社保在当地刚缴满三年，再等上两年的话，他担心房价还会上涨，错过眼下的买房机会。他和朋友说了这件事，朋友告诉他可以找人帮忙办一个假学历证明，只要能获得人才认定即可，而且据说好多人都是这么办的，政府审核得并不严格，一般都没问题，小张决定冒险接受朋友的建议。他在网上找到一家公司，自称可以帮忙代办人才认定，还给小张介绍了公司过往的"成功"案例，小张看后，当即决定让这家公司帮自己准备材料，并支付了"人才认定费用"21500元。

2021年7月6日，这家公司告诉小张他的人才认定已经公示，并

---

① 人才认定政策，指依据当地限购政策，外地户口人士属于经批准引进的各类人才的，可购买一套房屋。买房人提供人才认定表，并在人才认定公示网站查到已公示结束后，可证明其即取得当地购房一套的购房资质。

发送链接让小张查询，小张确实在链接中查到了自己的名字，便以为这事儿办妥了。小张高兴地重新开始看房，但他觉得自己花钱办假资质的事儿，越少人知道越好，于是换了一家中介公司帮自己找房。

很快，小张看上了小李的房子。2021 年 7 月 31 日，小张与小李签署房屋买卖合同，并与中介方签署了中介服务合同，小张向中介方支付了中介服务费用。

签约当日，小张向小李支付了定金 30000 元。由于小张有装修的需求，小李于 2021 年 9 月 2 日先行把房子交给了小张，小张高高兴兴花了 35000 元给房子重新做了装修布置。

2021 年 11 月 16 日，小张和小李共同前往房管局办理网签[①]手续，但房管局的工作人员告知小张的购房资质审核未通过，无法办理网签。小张于是联系帮他办理人才认定的公司询问原因，一问之下才得知他办假学历的事儿被查出来了，小张很生气，也很慌乱，不知道后续该怎么办，该公司却说，监管收严了他们也没有办法，现在只能把之前小张交的 21500 元人才认定费退给他，小张无奈，接受了这个方案。

但小张的损失岂止这些？

小李得知小张竟然通过办假学历的方式获得购房资质，彻底失去了对小张的信任，更何况，现在合同也履行不下去了，于是要求解除买卖合同，并要求小张支付违约金 100000 元，也不打算退还小张已经支付的定金 30000 元。小张咨询了律师朋友之后，明白自己确实构成了违约，如果不配合小李办解约、付违约金，万一小李将自己告上法庭，

[①] 网签，是指买卖双方签订合同后到房产管理部门进行备案，房产管理部门将交易信息公布在网上并签发网签号。任何个人、单位或集体均能通过互联网查询到该次房产交易信息。房屋网签是为了让房地产交易更加透明化，防止一房多卖。

自己的损失只怕会更大。于是，小张同意了小李提出的要求，和小李办理了解约手续，并支付了违约金。

事后，小张越想越觉得错不完全在自己，都怪朋友想出这么个歪门邪道的法子！可他不好和朋友撕破脸，转念又一想，中介公司没有核实出来他的购房资质有问题，也存在责任，于是又将中介公司诉至法院，要求中介公司对其进行补偿。但小张本身对于办理"假资质"这事心知肚明，并且之前一直有意隐瞒，法院认定小张自身存在违法行为。小张自知理亏，经法院调解，接受了中介方返还中介服务费用的方案。

小张在经历了过山车式的担惊受怕之后，最终还是重新开始租房住。原本已经对房子进行了装修布置，这笔钱也打了水漂，小张懊悔不已。

风险提示

小张的遭遇也是每一个购房者都有可能踩入的雷区。这充分说明，在购房、售房过程中，要秉持诚实守信的基本原则，切忌抱有侥幸心理。

在这里，小贝建议广大消费者，务必做到：

1. 核实并告知是否具备购房资质。购房资质审核是购房过程中的重要环节，不容忽视。在购房前，每一位购买方都应充分了解当地购房政策和资质要求，确保自己具备购房资质。同时，为保障后续交易的顺利进行，在签约前应主动告知与交易相关的全部信息，并应通过正规的、有公信力的平台或机构对自己的交易资质进行评估和审查。

2. 不要轻信非法"捷径"。通过消除不良征信记录、办假学历等来规避购房资质的限制,这看似是一条捷径,但实际上是一条充满风险的道路。购买方应该警惕那些看似简单却可能违法的"捷径",以免陷入更大的麻烦之中。

3. 坚守法律底线。坚决抵制任何违法违规的行为,绝不能因一时的便利或利益诱惑而选择造假,否则不仅可能遭受巨大的经济损失,还有可能面临法律的制裁。

专题十一
房子不是你想卖，想卖就能卖的

房屋产权登记在自己的名下，是想出售就可以随意出售的吗？并不一定，现实中，房屋的产权归属除了看登记在谁的名下之外，还会受很多因素的影响，如房子是否婚后购买，属于夫妻共同财产？房子是否贷款购买，在房屋之上设定了抵押权利？房子本身是私有还是国有？这些因素如果忽视，都可能成为阻碍房屋交易的绊脚石。

对于购房人来说，切忌觉得核实交易房屋信息只是出售方和中介方的事情，作为购房方也应该尽到合理的审慎义务，以确保自身的利益不受损失。

同时，对于出售方来说，一定要如实披露房屋相关信息，切不可图一时之便，就草率地将房屋出售，不然可能要额外支出违约金或赔偿金，给自己带来更多的经济损失和更大的麻烦。

案例一

未经共有人同意，房子能卖吗？

2018 年，小李和配偶小周满心欢喜地购置了一套房子作为婚房，这本是二人的爱巢，但房本上只登记了小李一人的名字，这为日后的纠纷埋下了隐患。

2021年，小李生意失败。为了偿还借款，小李动了卖房的念头，他独自找到中介公司，表明了自己的售房意愿，希望中介公司能帮自己找到一个合适的买家。经过一段时间的推广、带看，很快就匹配到了小张。

签约前，负责这单交易的经纪人小王谨慎地询问小李的婚姻状态，小李表示自己已经结婚了，还信誓旦旦地说配偶全力支持他卖房。为了让小王相信，还给小王发送了小周的身份证照片和电话号码。小王仔细核验了房产证，由于房产证上载明小李是唯一的产权人，加之小李一直强调配偶也希望房子能够尽快卖出，小王就没有再联系小周进行确认。

2021年2月7日，小李和小张双方成功签订了房屋买卖合同。签约后，小张积极履约，按照合同约定支付完全部的房款，满心期待能够尽快入住新房。

2021年4月1日是双方约定办理过户的日子，小李却不见踪影。

小张和经纪人小王都一头雾水，不知道发生了什么，但还是本着友好协商的态度，约了小李了解情况。小李无奈地摊了牌，这套房子是结婚后其与小周共同贷款购买的，解除抵押和过户需要配偶配合签字，但配偶小周其实并不同意卖房，更是拒绝出面共同办理过户，这房子看样子是卖不成了。说完，小李就把已经收到的房款全额返还给了小张。

原来，小李卖房并没有事先告知小周，小周得知小李已经把房子卖出去了，对小李擅作主张、丝毫不顾及她的行为感到寒心，她深知夫妻二人之间已经毫无信任可言，便提出离婚。两人为了这套房子争吵不休，房子到底归谁吵不出个所以然，离婚也一直拖着办不成。其间小李步步紧逼，要求小周先配合把房子过户的手续办了，小周见此更是怒火中烧，坚决拒绝配合解押和过户。

小张觉得，不卖可以，解约也可以，但是小李的行为显然已经构成违约，必须赔偿自己违约金。可小李认为，房款已经悉数还给小张，小张实际上没有任何损失，于是拒绝赔偿小张违约金。双方僵持不下，因此，小张将小李和小周诉至法院，要求小李赔偿违约金，小周承担连带责任。

庭审过程中，小李表示，本人从来没有恶意停止交易的想法，之所以交易进行不下去，主要是因为中介公司从未告知自己必须配偶同意且现场签字才能办理房屋过户，签约时也未要求出示配偶同意出售的证明，存在疏忽，中介公司作为专业机构理应知道房屋过户的程序，所以应由中介方承担违约责任。

法院经审理认为：

1. 房屋是小李和小周共同购买的，属于夫妻双方的共同财产，小李作为当事人一方，肯定是知情的；

2. 小李作为一个认知正常的成年人，出售夫妻双方的共同财产，应当知道要经过对方同意，不能说中介公司没告知，自己就不承担责任；

3. 小李的配偶小周，对小李擅自签订的房屋买卖合同并不知情且未签字，无须担责。

最终法院判决，小李未能按照合同约定履约构成违约，应当向小张支付违约赔偿金 81000 元。

案例二

隐瞒婚姻状况卖房，要承担什么责任？

2013 年，小李贷款购置了一套房屋，产权登记在他一人名下。

2015 年，小李与小姜结婚，此时小李婚前购买的房屋尚未还清贷款，小姜表示愿意与小李共同还贷，小李也表示会把小姜的名字加到房本中，这样房子也有小姜的一半。因此，婚后双方签署《夫妻财产约定书》，约定交易房屋为双方按份共有，双方各持一半；但两人一直未进行变更登记，房本上仍然只有小李的名字。

2017 年 6 月，小李和小姜的感情破裂，二人打起了离婚官司。这套二人婚后共同还贷的房子该如何分配呢？法院认可二人签署的《夫妻财产约定书》中的内容，判决小李和小姜对交易房屋各享有一半的产权份额。离婚后，二人不再来往，产权变更登记也迟迟未办理。

2018 年 1 月 20 日，小李委托中介方售房。房子处在黄金地段，而且小李急于出手，定价相对便宜，很快就被同样着急买房的买家小张锁定。

2018 年 1 月 22 日，小李和小张成功签约，小张用 1400000 元买下了这套房子。签约前，中介方核实了交易房屋的产调单①，显示为小李单独所有，小李告知中介方自己当前单身，但并未告诉中介方自己离过婚。

2018 年 2 月，房屋过户到小张名下，小张成功入住新房。

本以为交易已经完结，不会再有什么事情发生，然而，小姜在依

---

① 产调单，是房屋状况和产权人信息的证明。它包含房产的详细权属信息，通常在房产交易、抵押、租赁等重要决策中作为参考依据。产调单上会显示房屋所有权人、是否存在查封、是否存在抵押等信息。产调单在各地的叫法可能存在差异，部分城市又称房产信息登记表、不动产信息查询单、房屋状况及产权人信息查询结果、不动产登记簿查询结果等。

据离婚财产纠纷判决申请把自己的名字也登记在房本上时，才知道房屋已被出售。小姜认为这是小李和小张的阴谋，目的就是转移财产，于是将二人诉至法院，请求确认房屋买卖合同无效，并要求小张将房屋过户回小李名下。法院认为，小张购房时并不知道房产还有小姜一半的份额，用正常的价格购买的房子，并已完成过户，符合善意取得①的条件，因此未支持小姜的诉求。

上述案件判决后，小姜又愤然将小李和中介方告上法庭，以双方低于市场价出售交易房屋，损害其权益为由，要求出售方、中介方共同赔偿自己的财产损失。

由于小姜未能提供有效证据，因此法院认为，交易房屋的成交价并不属于不合理低价。但交易房屋是小姜和小李共有的，小李擅自售房确实属于无权处分②，小李应赔偿小姜财产损失；按份共有人应当按份额享有债权、承担债务。所以，小李提前归还的贷款、支付的房屋所欠的物业服务费、售房缴纳的税等债务，须由小李和小姜依产权份额承担，也就是各承担一半；小李出售房屋所得的收益，扣除以上债务后，应当由小李向小姜支付一半。签约前中介方核实了房屋的产调单，确实记载为小李单独所有，没有证据显示中介方明知房屋是小李与其前配偶小姜按份共有，故，中介方已尽到合理审慎义务，并无明显过错和失误，不应承担责任。

因此，法院最终判决小李向其前配偶小姜支付财产赔偿款506000元。

---

① 善意取得的概念，详见文末小贝普法。
② 无权处分，是指行为人没有处分权，却以自己的名义实施的对他人财产的法律上的处分行为。

案例三

伪造离婚协议就能卖房了？

小李和配偶小柯在婚内共同购置了一套房子，小李登记为交易房屋唯一产权人。

2010年12月，小李和小柯离婚，二人在离婚协议中约定：房屋归小柯所有，小柯一次性支付150000元给小李作为房产补偿。但二人离婚后，出于对小李的信任，加之小柯暂时并没有入住这套房子的打算，因此房子一直没有进行产权变更登记，房子仍然登记在小李名下。

2023年，小李的生意遇到了麻烦，急需现金周转，于是小李对这套房子动起了歪心思，准备偷偷把房子卖了，把现金抓在手里。因此找到了中介方，委托中介方尽快将房子出售，最开始，小李准备以1500000元出售。

2023年2月，小张看上了这套房子，但认为这个价格虚高了，于是与小李协商，希望能便宜点。为了能尽快出手房屋，小李接受了小张的砍价，双方最终以1050000元的价格成交。签约前，小张和中介方一起仔细核验了交易房屋的产调单（载明小李单独所有）、小李的身份证件原件、离婚证照片及离婚协议照片（有民政局盖章），离婚协议中载明：交易房屋归小李所有，出售方负责归还剩余贷款，并一次性支付其前配偶小柯150000元作为房产补偿。核验之后，小张放心地和小李签署了房屋买卖合同。

然而，此时没有人知道，小李出示的离婚协议照片是他亲手伪造的。

签约后，双方正常履约，小张向小李支付了全部购房款，交易房屋也过户到小张名下。2023年3月7日，小张顺利入住。

直到2023年10月，小柯准备把房子过户到自己名下时，才知道小李竟然通过伪造离婚协议这种卑劣的手段把析产给自己的房子卖了，于是愤然将小李、小张及中介方诉至法院，认为小李恶意串通①小张及中介方，并提供了同小区某法拍房②界面的截图（法拍价格高于该房屋的成交价格），以证明小李以低于市场价的价格转让房产，请求法院确认此次交易无效，并判决三方共同赔偿自己的损失。庭审过程中，小张抗辩自己对此完全不知情，目前交易已经完成，自己构成善意取得。

法院经审理认为：

1. 小张和小李签订的房屋买卖合同合法有效。

2. 关于小张是否构成善意取得：

①交易房屋属于小柯所有，小李实际上无权出售该房屋，但目前房屋已经过户至小张名下。

②从目前审查的情况来看，小张和小李经中介方介绍相识，且签约时，交易房屋登记在小李一人名下，小李也在交易过程中出示了离婚协议，离婚协议写明交易房屋分割给了小李，因此，小张及中介方有充分的理由相信小李确实拥有交易房屋，有权出售。小柯认为小李、小张及中介方之间存在恶意串通的情形，但综合交易事实来看，三方

---

① 恶意串通，是指在买卖或其他交易活动中，双方当事人为了损害他人利益而故意进行虚假行为的行为。《民法典》第一百五十四条规定，行为人与相对人恶意串通，损害他人合法权益的民事法律行为无效。这意味着因恶意串通而成立的合同或协议在法律上是无效的，不能得到法律的保护。

② 法拍房，即"法院拍卖房产"，是被法院强制执行拍卖的房屋。当债务人（产权人）无力履行借款合约或无法清偿债务时，而被债权人经司法程序向法院申请强制执行，将债务人名下房屋拍卖，以拍卖所得款偿还债权，在此过程中进行拍卖的房子就是法拍房。

并不存在加害小柯的动机，小柯也未证明三方存在恶意串通。

③小柯提供的法拍房界面截图显示的房屋与交易房屋在建筑面积、楼栋、楼层上存在差异，同时这些房屋之间存在采光、通风、朝向、出售紧急程度、付款方式、时间、是否设置抵押权和居住权、是否用于租赁等多种因素差别，这些差别均将不同程度地影响房屋价格。小柯主张房屋交易价格明显低于市场价，法院不予采信。

综上，法院认定，小张构成善意取得。

3. 小张及中介方在交易中不存在过错，不应担责；但小李通过伪造离婚协议的方式擅自售房，侵害了小柯的权益，给小柯造成了财产性损害；小柯依据离婚协议取得交易房屋所有权，为该房屋的实际所有权人，有权要求小李赔偿。

因此法院判决，小李赔偿其前配偶小柯财产性损失1050000元。

但其实小柯的合法权益还是受到了损害，要不是小李急于出手，房子可能会卖出比105万元更高的价格。

案例四

离异赠给子女的房，未经同意能被卖掉吗？

小李与小周于1988年结婚，婚后，二人育有一女。

2006年，二人买了房，房屋登记在小李一人名下。

2014年，二人协议离婚，双方签订的离婚协议中载明：该房屋登记在小李名下，系夫妻共同财产，双方同意将房屋赠与女儿。双方离婚后，并未按照离婚协议的约定将房屋过户至女儿名下。

2021年，小李准备偷偷把房子卖了，小张是意向买家。经过一番沟通，小李与小张签署了房屋买卖合同，合同约定：房屋成交价为5660000元，小张通过贷款的方式购房，双方应于2021年3月1日前办理贷款，根据贷款机构的要求提供全部贷款所需资料，买卖双方及其配偶必须根据贷款机构要求配合签署相关文件，提供贷款所需资料。

签约前，中介方及小张询问了小李的婚姻状况，小李如实告知自己已经离婚，且离婚协议约定了房屋赠与女儿；但是小李说，女儿和前配偶小周均支持将房屋进行出售，且房本上载明自己单独所有，后续走流程不会有什么问题，让小张和中介方安心即可。但实际上，小李的女儿和前配偶小周并不知道小李卖房的事。

签约后，小张按约向银行申请住房贷款时，银行得知了小李的情况，要求小李及其前配偶小周出具同意出售声明；小李眼见瞒不住了，于是告知小周自己已经把房子卖了，并希望小周能够配合自己售房，承诺将收到的全部房款给女儿。小周自然不会相信小李的鬼话，拒绝出具同意出售声明，无奈之下，小李找了个借口，告诉小张：其前配偶小周要求加价10万元才愿配合，否则不会出具同意出售声明。

小张听后十分生气，拒绝了小李的无理要求，2021年3月25日，委托律师向小李发送律师函，要求小李在5个工作日内继续履约。但小李仍未履约。

于是小张将小李诉至法院，要求：解除买卖合同，小李支付违约金及律师费。

在该诉讼中，法院认为，交易房屋是小李与其前配偶尚未离婚时买的，二人离婚时签署的离婚协议约定该房屋属于夫妻共同财产，并约定赠与女儿；即便房屋并未过户至女儿名下，按照日常生活经验，小李也理应知道不能擅自将房屋出售。小李和小张签订的买卖合同虽然有效，但合同的履行依赖于小李前配偶小周的同意和配合，现小周不同意出售，合同无法继续履行，应当解除；小李构成根本违约，应承担违约责任。

因此，法院判决房屋买卖合同解除，小李支付小张违约金 566000 元及律师费 50000 元。小李不服提起上诉，二审法院维持原判。

小李擅自出售与前妻共有的、已协议赠与女儿的房屋，最终不仅合同被解除，还承担了违约责任，不得不支付高额的违约金。这提示出售方，在处理共同财产时，务必遵守法律规定和约定，诚实守信，以免引发不必要的法律纠纷。

案例五

丧偶未言，巨额违约金背后的故事

2019 年 7 月 20 日，小张经朋友介绍购买了小李的房子。签约时，小张询问小李的婚姻状况，小李坦然表示自己已经离婚了，虽然买房的时候还没离，但离婚的时候这套房子分给了自己，因此自己是有权独自卖房的，且房子登记在自己名下。

小张听闻后，提出看一看小张的离婚协议核验一下。小李此时却面露难色，解释说目前离婚协议和离婚证都在家里，自己手机里也没有拍照留档，但小李承诺，签约之后，肯定会把这些补充证明材料提交给小张的。

小张听信了小李的说辞，且签约时小李携带了房产证和身份证，房产证确实清清楚楚地载明小李单独所有交易房屋，因此小张放松了警惕，和小李成功签约。签约后，小张不忘叮嘱小李签约后 3 日内一定要把离婚协议原件拍照发给自己。

房屋买卖合同约定：

1. 房屋成交价为1245000元；

2. 小李承诺该房屋不存在共有权人，如违反前述承诺，导致该房屋不能办理产权登记或发生纠纷的，小李将按照房屋成交总价款的20%赔偿小张的损失。

然而，签约之后，小李像变了一个人似的，不愿交付任何材料，在小张的再三催促下，小李终于道出了真相：原来，小李根本没有离婚，其配偶不久前过世，这套房子有一半的份额是属于配偶的，可这一半到现在还没有完成继承析产，因为其已故配偶的父母作为法定继承人[①]，需要征得二老的同意才能继续售房。

小张知道真相后十分气恼，不断催促小李尽快说服其公婆同意售房。然而，事情并没有那么容易解决，小李已故配偶的父母根本不同意小李把房子卖掉，态度非常坚决，二老甚至不愿意和小李沟通，一直未曾出面。一直到2020年1月，事情也没有任何进展，小张不愿意再等，直接将小李诉至法院，要求：1. 解除双方签订的房屋买卖合同；2. 小李向小张支付违约金249000元（房屋成交价的20%）。

法院认为，小李隐瞒自己丧偶的事实，在对房屋没有完整处分权的情况下擅自出售房屋，存在过错；现因房屋共有权人（小李配偶的父母因继承成为房屋的共有权人）不同意出售房屋，导致无法办理房屋转移登记手续，房屋交易的合同目的无法实现，法院支持合同解除；小李构成违约，应当按照合同约定，赔偿小张违约金。因此，法院判

---

① 第一顺序的法定继承人包括配偶、子女、父母。

决，房屋买卖合同解除，小李支付小张违约金 249000 元。

小李最终为自己不诚信的行为付出了代价。

案例六

国有资产转让需要哪些条件？

小张想要买一套二手房，看了一套又一套房子之后，终于找到了一套心仪的房子。

2016 年 8 月 23 日，在中介公司的牵线搭桥下，小张与出售方××公司的代理人坐在了一起，小张准备用 10800000 元买下××公司的房子。

签约时，小张和中介方都仔细查看了××公司提供的房产证，房产证没有任何伪造的痕迹，产权人也确实是××公司，但产权属性处清晰载明产权性质是"国有"。或许是被成交的喜悦冲昏了头脑，又或许是不知道国有性质的房屋意味着什么，小张毫不犹豫地在合同上写上了自己的名字。

签约之后，按照合同约定，双方马上就会办理网签手续，但小张一催再催，××公司始终无人出面去办理。小张迫切地想入住新房，××公司的爽约行为令他十分恼火，于是他起诉了××公司，要求××公司履约。

房子是真实的，产权人是明确的，合同约定是具体的，小张认为法院很快就会判决××公司尽快履约。然而，经法院查明，××公司确实是交易房屋的产权人，但该公司属于一人独资企业，股东为某国有独资企业。也就是说，这套房子属于国有资产（俗称国资房[①]），根据法律规定，国有资产转让应当遵循等价有偿和公开、平、公正的原则，

[①] 国资房的概念，详见文末小贝普法。

除了按照国家规定可以直接协议转让的以外，国有资产转让应当在依法设立的产权交易场所公开进行，不能私下交易。小张通过中介方去买属于国有资产的房子，不符合法律规定。

故，法院判决，双方签订的房屋买卖合同违反了相关法律规定，属于无效合同。这结果对小张来说无疑是一个沉重的打击，原本美好的购房梦，就这样破碎了。小张深深懊悔在看到"国有"二字的瞬间没有多向中介方和代理人询问"国有"二字代表的特殊含义。但值得庆幸的是，小张还没有支付购房款，至少没有产生金钱损失，但小张什么时候能再找到合适的房子，就不得而知了。

风险提示

签约前的产权核验，到底都要核验什么？购买方应该怎么做才能顺利买到产权清晰无纠纷的房子？出售方应该怎么做才能避免违约？小贝提示消费者：

1. 核验房屋性质。签约前，购买方应当通过询问出售方、核验交易房屋的产权证明等方式，充分核验交易房源的性质，确定房屋是否可以出售、是否应遵循法律规定的特殊交易手续。不可上市交易的房屋不能随意购买，通常来说包括：集体产权房屋；未取得上市许可的校产房、军产房等；无法取得不动产权证书的房屋，包括但不限于宅基房、乡产房；只有承租权的廉租房、公租房；违章建筑；已经被限制交易（如查封、冻结）的房屋；未取得完全所有权的经济适用房等。

2. 核验出售方的婚姻状况。

①若出售方已婚，应当核验其结婚证，并要求其提供纸质版的配

偶同意出售证明，不能轻信出售方的口头承诺。

②若交易房屋在婚姻关系存续期间取得，且出售方的婚姻状态为离异，购买方应当核实该房屋的离异析产证明材料，如离婚判决或离婚协议，以确认出售方对房屋享有完整的处分权；若交易房屋析产不清，购买方应当要求出售方前配偶共同签署合同，或出具同意出售的声明，以确保前配偶已经知悉并愿意配合交易，避免后续的履约风险。

③若出售方丧偶，应当要求出售方提供继承判决或继承声明等证明材料，确保房屋已被析产；若出售方购买房屋的时间发生在其配偶死亡之后，签约前购买方应当核验出售方配偶的死亡证明以及二人的婚姻关系证明，以确定房屋确实不存在遗产继承纠纷，保障交易安全。

④若出售方表示交易房屋是其个人财产，应当核验其购房时的合同以及付款凭证等材料，以确定其确实有权单独出售房屋。

3. 对于出售方来说，应当如实披露房屋的全部情况，否则将面临承担高额违约金的风险，得不偿失；另外提示，如果房屋在离婚或继承时析产给了自己，一定要及时进行产权变更登记，把房屋登记到自己名下，防止他人偷偷把房屋卖掉，避免后续高昂的维权成本。

小贝普法

1. 什么是夫妻共同财产？

夫妻共同财产是指在婚姻关系存续期间，夫妻双方或一方取得的财产，依法归夫妻共同所有的财产。

《民法典》第一千零六十二条规定，夫妻在婚姻关系存续期间所得的下列财产，为夫妻的共同财产，归夫妻共同所有：（一）工资、奖金、劳务报酬；（二）生产、经营、投资的收益；（三）知识产权的收益；（四）继承或者受赠的财产，但是本法第一千零六十三条第三项（遗嘱或者赠与合同中确定只归一方的财产为夫妻一方的个人财产）规定的除外；（五）其他应当归共同所有的财产。夫妻对共同财产，有平等的处理权。

那么，对于房子来说，什么样的房子属于夫妻共同财产、什么样的房子属于夫妻一方的个人财产呢？一般而言，夫妻双方在婚姻关系存续期间购买的房屋，无论房产证上是否只登记一方的名字，通常被视为夫妻共同财产；如果是一方婚前贷款购买的房屋，但是贷款在婚前未还清，婚后存在夫妻双方共同还贷的情况，那么房屋通常也属于夫妻共同财产，需要双方都同意才能出售。只有婚前一方全款购买，或贷款在婚前已经还清，且房本上只登记了其一人姓名的房屋，才属于夫妻一方的个人财产，产权人有权单独卖房。

属于夫妻共同财产的房屋，若其中一方去世，那么其持有的份额将会被继承，被继承人的配偶、子女、父母都有继承权，在房屋析产不明确的情况下，夫妻一方不能单独售房。

2. 什么是善意取得？

善意取得是指无权处分他人财产的财产占有人，将其占有的财产转让给第三人，受让人在取得该财产时系出于善意，即依法取得该财产的所有权，原财产所有人不得要求受让人返还财产的物权取得制度。

《民法典》第三百一十一条规定，无处分权人将不动产或者动产转让给受让人的，所有权人有权追回；除法律另有规定外，符合下列情形的，受让人取得该不动产或者动产的所有权：（一）受让人受让该不动产或者动产时是善意；（二）以合理的价格转让；（三）转让的不动产或者动产依照法律规定应当登记的已经登记，不需要登记的已经交付给受让人。受让人依据前款规定取得不动产或者动产的所有权的，原所有权人有权向无处分权人请求损害赔偿。当事人善意取得其他物权的，参照适用前两款规定。

本专题案例二和案例三中的购买方小张，都有充分的理由相信实际无权出售房屋的出售方小李有权售房，为购房支付了合理的价格，并且已经取得了交易房屋的产权，因此小张构成善意取得。

3. 什么是国资房？

国资房是指由国家出资建设并拥有的房屋，其产权归属于国家，通常由政府或其授权的机构进行管理和运营。这些房屋主要用于满足社会公共服务和国家利益的需要，如国家机关、事业单位、国有企业等单位的办公用房，以及用于社会保障、员工福利或基础设施建设等方面的住房。

在交易方面，《企业国有资产法》第五十四条第一款和第二款规定，国有资产转让应当遵循等价有偿和公开、公平、公正的原则。除按照国家规定可以直接协议转让的以外，国有资产转让应当在依法设立的产权交易场所公开进行。转让方应当如实披露有关信息，征集受让方；征集产生的受让方为两个以上的，转让应当采用公开竞价的交易方式。此外，国资房的买卖还需经过严格的审批程序，以确保国有资产的合法、合规使用。

专题十二
我没有时间，配偶能帮我卖房吗？

房屋买卖交易中，代理人代理产权人售房的场景并不少见，尤其是夫妻中的一方售卖两人共同所有的房产或售卖另一方的房产。此类情形实则潜藏诸多风险。对于购买方而言，如果对方言之凿凿，说他/她的配偶已经授权其签约，合同只需要和双方一个人签署就够了。这种说法能信吗？对于出售方而言，如果已经答应把房子卖出去，但事后又想反悔解约，这时声称自己从来都不同意配偶卖房子，也没有授权配偶签合同。这种做法能行吗？

本专题希望通过以下案例，提示交易双方在购房、售房过程中，仔细核实房屋交易中一方代理配偶签约时的授权问题，避免最终导致合同无效或无法履行的后果。

案例一

房子是夫妻共有，卖房的时候配偶不来可不行

小李和配偶小何共同购买了一套房子，房屋登记在二人名下，属于二人共同所有。

2022年，见房地产市场波动，小李想要把这套房子卖了，认为现在卖房一定还能够赚一笔。和小何商量后，小何认为现在房价不稳定，并不是卖房的好时机，不愿意卖房。小李见说服小何不成，于是擅作主张把房子推向市场，决定瞒着小何把房子卖掉。

2022年4月，意向买家小张出现了，准备购买该房屋。在商讨签约事宜时，小张仔细核验了小李出示的房产证，发现房屋是小李与他人共有的；小李连忙解释道，共有人是自己的配偶小何，小何是同意卖房的，只是工作太忙，实在抽不出时间来签约，于是委托自己处理卖房事宜。说罢，小李还拿出自己和小何的结婚证，以及小何的身份证。听到小李这么说，又看到共有人小何确实是小李的配偶，小张觉得小何应该也是知情的，作为小何的配偶，小李代理小何售房也没什么不妥。于是小张和小李签了约，小李还代替小何在合同上签了字。

然而，没过几天，小张接到了小李打来的电话，本以为是通知自己办理后续手续的，没想到小李却焦急地说，自己这边出了些问题，他不准备继续卖房了。小张感到十分困惑，急忙询问是怎么回事。

原来，小何根本就不知道小李已经擅作主张把房子给卖了，小李本以为先斩后奏，生米煮成熟饭后，小何即便生气也只能配合自己卖房，况且说不定看到卖房赚钱后，小何会开心地配合。可没想到小何拒绝售房的态度非常坚决，二人为此大吵一架，房子确实是卖不成了。

小张自然不会同意和小李和平解约，他心里想着，小何作为小李的配偶，怎么可能对这么大的事一无所知呢？而且合同上也有小何的名字，他觉得这对夫妻可能是觉得卖便宜了，想找个借口毁约。于是小张向二人发送了律师函，要求二人继续履约。

没想到，律师函发出之后没多久，小张竟然也收到了小何委托律师寄过来的律师函，上面写明自己对小李售房的事实完全不知情，自己根本不同意售房，是不会配合履约的。见小何态度如此坚决，无奈小张只能同意解约。

解约之后，小张认为小李构成违约，要求小李赔偿自己违约金；但小李认为不愿意卖房、不配合履约的是小何，自己并没有违约，于是拒绝赔偿小李违约金。小张便将小李诉至法院，希望法院能够判决小李赔偿自己违约金，为自己主持公道。

法院经审理认为，交易房屋登记在小李和小何的名下，属于二人共同财产，在未经小何同意或追认的情况下，小李擅自售房属于无权处分，目前合同已经因无法履行而解除，小李自然应当承担违约责任；虽然小李和小何是夫妻关系，但是基于夫妻关系的身份，也并不能让小李自然而然地拥有代理权，这一点小张作为一个认知正常的成年人，是理应认识到的；签约时，小何并不在场，也从未在房屋买卖合同中签字，小张在知道房屋实际登记在小李和小何二人名下的情况下，负有一定的谨慎义务，但小李并未提供证明小何同意售房的材料，小张应该意识到潜在的风险，不应该随意与小李签约。

因此，法院认为小李和小张均存在一定的过错。综合双方的过错程度，法院最终判决小李向小张支付违约金370000元。

案例二

瞒着配偶卖房行不通，事后未追认，合同无效

2013年，小李全款买了一套房，房子登记在小李名下。之后不久，

小李认识了小邱，二人相见恨晚，互生情愫，很快就在一起了。

2014年，小李和小邱结婚了，婚后，二人共同在小李的房中居住，生活称得上幸福美满。

2020年的某一天，小邱有了卖房的想法，他和小李商量，既然距离小李买房的时候房价已经涨了不少，那么可以把这个房子卖了之后换一套更大的房子，提升生活质量。小李有些犹豫，这两年自己开始创业，营收不是很稳定，手头也没有什么现金，如果换更大的房子只能通过贷款的方式，月供将会是很大的经济压力……小李暂时没有同意。

小邱觉得小李纯属多虑了，自己的工作比较稳定，还贷对他来说并非难事。于是，小邱瞒着小李，悄悄将卖房的计划透露给了身边的朋友，朋友们纷纷热心地为他寻觅买家。由于这套房屋是全市出名的学区房，很快，意向买家小张就出现了，准备购买该房。

2020年9月的某一天，小邱和小张约在小张家里签署买卖合同。签约前，小邱表示，自己是产权人小李的配偶，小李委托自己售房，并提供了房产证以及小邱和小张的结婚证。小张敏锐地询问小邱是否有合法的授权委托手续，如纸质的授权委托书；小邱犹豫了一下说，小李一直在出差，还没来得及签授权委托书，但是等小李一回来就可以立刻提供授权委托材料。小邱还表示，如果小张不放心，可以把这条约定到合同中，于是二人在买卖合同中约定：

1. 房屋所有权人为小李，小邱为小李代理人。

2. 代理人（小邱）承诺其委托人（小李）完全同意和认可合同的所有条款，若因此产生任何风险，由代理人承担。代理人保证其委托人于 2020 年 9 月 30 日之前对本合同进行追认。否则，小张有权单方解约。

然而，小李出差回家知道了这件事之后，情绪非常激动，坚决不同意卖房，拒绝对小邱的代理行为进行追认。没有小李的配合，合同就无法继续履行。小邱无奈地把这件事告诉了小张，提出解约。但小张并不同意，毕竟学区房十分稀缺，于是小张将小李和小邱诉至法院，请求法院判令二人继续履约，将交易房屋过户至自己名下。

小张认为，房屋是小李和小邱的夫妻共同财产，自己有理由相信小邱卖房是夫妻共同的想法，小李不能以"不知情"为由就拒绝履约。

小李和小邱则表示，房屋是小李的婚前个人财产；且合同中明确约定了合同需要小李进行追认，故，小张是明知小邱无权卖房的，小邱与小张签署买卖合同的行为不是夫妻共同行为。

法院经审理认为，小张应当知晓小邱非产权人，只是产权人小李的代理人；然而，签约当日，小邱并未出具小李的授权委托书，小李也未在事后对小邱的代理行为予以追认，故该合同对小李不发生效力，小张主张将交易房屋过户至自己名下在法律上和事实上均不能履行。因此法院驳回了小张的全部诉讼请求。

小张并不甘心，咨询了律师朋友后，改变了诉讼策略，既然继续履约不可能了，那么小李要赔偿自己的经济损失。因此小张再次起诉小李和小邱，要求解约，并提出此次交易属于夫妻二人的共同债务，要求二人共同赔偿自己经济损失。

法院经审理认为，小邱明知自己无权卖房，仍在未取得小李同意的情况下以小李代理人的名义将房屋出售，导致纠纷，存在过错；根据合同约定，小张有权解除合同，小李应赔偿小张的房屋差价等损失；

因小邱的无权代理行为而产生的债务，不是用于与小李的夫妻共同生活所需，并不属于二人的夫妻共同债务，因此小李无须担责。因此，法院判决合同解除，小邱赔偿小张损失100000元。

经此风波，小邱和小李的感情也受到了很大的破坏，双方之间最为重要的感情基础——信任，已经消失殆尽，小邱悔不当初。小张也常常想，要是自己坚持等到小李拿到纸质的授权委托书再签约就好了，经过一番折腾，自己虽然拿到了10万元的补偿，但是以原来的预算再买一套学区房，简直是痴人说梦。

案例三

通过视频的方式确认授权委托，会有风险吗？

2015年，小李和配偶小曹共同买了一套房，房子登记在小曹名下。之后，夫妻二人一直在这套房中生活、居住。几年过去了，他们所在的某一线城市房价不断上涨，和他们当初购买的时候相比足足翻了一番。

2020年8月，小两口计划移居至周边更宜居的二三线城市生活，商量着趁现在房价还比较高，把房子卖了，之后可以在周边的二三线城市重新买一套更大的房子。于是，小李开始将房屋信息挂到各大社交媒体上，寻求有意向的买家。很快，意向买家小张就联系了小李，看了房子后决定买下。

2020年9月3日，小李和小张来到交易房屋中准备签约。由于小曹正在出差中，无法来到签约现场，于是小曹通过视频通话的方式"出面"，在视频通话中小曹表示同意出售房屋，并同意由配偶小李代理自己完成签约。为避免后期产生纠纷，小张还是谨慎地录了屏。视频通话结束后，二人签署了房屋买卖合同，成交价为 5810000 元，合同约定：任意一方违约的，应向守约方支付房屋成交价 20% 的违约金。

签完合同之后，小张还是不太踏实，毕竟房本上记载的产权人小曹自始至终未出面。小张要求小李给自己出一份承诺书，小李应允，承诺书中写明："本人小李，受小曹的合法委托，代其出售房产，本人代理出售上述房产并签署相关合同的行为已取得委托人小曹的合法授权，并保证在签约后 5 个工作日内提交委托人亲笔签字的《授权委托书》或公证的《授权委托书》。"

拿到白纸黑字承诺书的小张放心地向小李支付了 200000 元定金。

几天后，小曹出差归来，夫妻二人与朋友小聚。得知二人卖房的事之后，朋友告诉他们房子卖得有些便宜了，按照最新的市场行情，他们的房子还可以多卖个几十万元。听到朋友这么说，二人不禁觉得有些后悔。

回家后，二人商量了一下，决定不把房子卖给小张了，而是以更高的价格重新出售。于是小李联系小张，称小曹不同意卖房了，希望能和小张解约，同时，愿意双倍返还定金作为对小张的补偿。

小张并不同意小李提出的条件，彼时房价还在上涨，这次解约会给自己带来很大的麻烦，20 万元根本无法弥补自己再次购房的差价损失；小张直接将小李和小张诉至法院，要求：解除房屋买卖合同，二人支付自己违约金 1162000 元（房屋成交价的 20%）。

庭审过程中，小张提供了签约前小曹委托小李代为售房的视频作为证据，但由于视频较为模糊，难以辨认视频中的人到底是谁，小曹直接否认视频中的人是自己，表示自己自始至终对小李售房的事不知情，小李属于无权代理①，合同无效；小李也表示，自己当时是随便找了个朋友视频，因为小曹不同意卖房，想通过这个方法蒙混过关以达到卖房的目的，并且视频中的人没具体说明同意卖哪套房。

对此，法院将视频送去做了鉴定，经仔细鉴定，视频中的人确实是小曹本人，且小曹名下只有一套房，即交易房屋。因此，法院认定小曹对小李与小张签订房屋买卖合同知情且同意，售房是夫妻二人共同的意愿，房屋买卖合同合法有效；现二人拒绝继续出售房屋，构成根本违约，应赔偿小张违约金，小张有权解约。故，法院判决房屋买卖合同解除，小李和小曹向小张支付违约金 1162000 元。

至此，小张松了一口气，自己也算是"险胜"，没想到夫妻二人事后竟然翻脸不认人，也没想到视频方式的授权委托举证难度这么大，当时让小李写的承诺书更是没什么约束作用，再买房时遇到这种情况一定要让对方提供完整的授权委托书，这才是最稳妥的方式。

风险提示

以上案例提示消费者，遇到夫妻代理人的情况，一定要提高警惕，具体而言：

1. 切记夫妻之间并没有天然的代理权。一定不要因为所谓的"代理人"与产权人是夫妻关系，就默认其拥有合法代理权，无论夫妻关系看似多么紧密，都务必要求代理人出示产权人签署的纸质版授权委托书或经公证的授权文件，以此确认其代理行为的合法性与有效性，避免陷入无权代理的陷阱。

---

① 详见文末小贝普法。

授权委托书中应当载明关键要素，包括委托人信息、受托人信息、交易房屋信息、授权范围、委托期限、委托人签字/盖章、签署日期。

2. 对于出售方而言，房屋若属夫妻共有财产，卖房前务必征得配偶的明确同意，最好是夫妻双方共同签约。如果一方擅自售房而另一方事后拒绝追认交易的，合同将无法继续履行，导致诸多纠纷，还会导致出售方产生较大损失。无论是从维护家庭和谐还是从保障交易顺利进行的角度出发，都应在卖房前与配偶充分沟通协商，确保双方意愿一致。

小贝普法

代理知识知多少：

根据《民法典》第一百六十二条的规定，代理是指代理人在代理权限内，以被代理人名义实施的民事法律行为，对被代理人发生效力的制度。

代理有委托代理和法定代理两类：委托代理，是基于被代理人的授权而发生的代理，是日常生活中最常见的形式，如小张委托小李卖房；法定代理，是由法律规定自动设立的代理关系，如未成年人的法定代理人一般是其父母。

代理场景下，最常见的法律纠纷就是无权代理，《民法典》第一百七十一条、第一百七十二条对无权代理行为有较为详细的规定。

第一百七十一条规定：行为人没有代理权、超越代理权或者代理权终止后，仍然实施代理行为，未经被代理人追认的，对被代理人不发生效力。相对人可以催告被代理人自收到通知之日起三十日内予以追认。被代理人未作表示的，视为拒绝追认。行为人实施的行为被追认前，善意相对人有撤销的权利。撤销应当以通知的方式作出。行为人实施的行为未被追认的，善意相对人有权请求行为人履行债务或者就其受到的损害请求行为人赔偿。但是，赔偿的范围不得超过被代理人追认时相对人所能获得的利益。相对人知道或者应当知道行为人无权代理的，相对人和行为人按照各自的过错承担责任。

第一百七十二条规定：行为人没有代理权、超越代理权或者代理权终止后，仍然实施代理行为，相对人有理由相信行为人有代理权的，代理行为有效。

简单来说，无权代理有三种表现形式：

1. 代理人根本无代理权，就以被代理人的名义从事的代理。比如，案例二中的小邱以配偶小李的名义卖房，就属于典型的无代理权行为。

2. 超越代理权的无权代理，是指代理人享有一定的代理权，但其实施的行为超越了代理权的范围。比如，张三授权李四把自己的房子出租，李四却擅作主张把房子卖了，这种行为就属于超越了代理权。

3. 代理权终止以后的无权代理，是指行为人与被代理人之间原本有代理关系，由于代理期限届满、代理事项完成或者被代理人取消委托等情形的出现使得代理权终止，但行为人仍然从事的代理。比如，王五授权赵六于2022—2023年代理自己卖房，但是赵六于2024年才将房子卖出，此时代理期限已过，赵六属于无权代理。

那么无权代理有什么后果呢？如果被代理人对无权代理的行为表示认可，那么该行为即转化为有权代理，法律后果由被代理人承担；否则，无权代理人应当自担后果，与被代理人无关。如果相对人知道代理人属于无权代理，那么相关风险由无权代理与相对人共担。

专题十三
未成年人的房子，可以随便卖吗？

房屋交易过程中，偶尔会出现一些特殊的产权主体——未成年人，他们犹如春日里含苞待放的花朵，是祖国未来的希望，他们的权益保障关乎社会的长远发展。对于未成年人来说，房子不仅是他们成长的港湾，给予他们安全感与归属感，也可以为未成年人的教育、生活改善等提供经济支持与保障，成为他们未来发展的重要物质基础。然而，未成年人的家庭结构一旦发生变动，如父母离异、监护人更迭，或是个别居心不良者妄图从中牟利，都极有可能让登记在未成年人名下的房产成为一块人人眼馋的"肥肉"。

当未成年人的房产权益无法得到保障，法律会怎样保护孩子们的权益呢？作为消费者，遇到未成年人出售房屋时，又该注意什么呢？且看以下真实案例为你一一揭晓。

案例一

离婚后，还是监护人

2006年2月，小李的父母因观念不合导致感情破裂，办理了离婚手续。离婚协议中约定：

1. 未成年婚生女小李由母亲抚养；

2. 小李的父亲自愿将其名下的一处房屋过户至女儿小李名下。

两人离婚后，小李父亲依照约定，给小李留了一套学区房并办理了过户，房子自此登记在小李名下。

2016年7月，小李年满16周岁。眼看着孩子一天天长大，学习成绩却始终不太理想，小李母亲想要把小李送出国上大学的念头越来越强烈，她实在不想小李走千军万马过独木桥般辛苦的高考之路，觉得出国念书更轻松一些，还能镀个金，可谓一举两得。可出国念书需要一大笔钱，家里数来数去，就数这套学区房最值钱，眼下房子的涨势也好，一定能卖个好价钱，于是，她打定主意决定卖房。

小李母亲把卖房的想法和前夫说了好几次，前夫都不同意，他要么说后面房子肯定还要涨，眼下卖的话价格上要吃亏，是一种没有远见的短视行为；要么直接反对小李母亲要把孩子送出国的想法，认为国外的月亮不一定比国内圆。总之一句话，就是不同意卖房。小李母亲见和小李父亲说不到一处，很是着急，她担心不及早安排卖房把出国的花销准备好，会影响小李的学业和前途，思来想去，决定先把房子挂出去再说。第二天，小李母亲联系了经纪人小王，委托小王把小李名下的房子挂在中介公司的网站上。

2016年8月，准备买房的小张看中了小李的房子。经过小王的磋商，小李母亲最终和小张达成一致意见，约定以2600000元的价格将房屋出售给小张。

签约前，小李母亲将离婚协议中关于交易房屋的约定、小李的实际年龄都告诉了经纪人小王。小王反馈因为小李是未成年人，无法独立签署房屋买卖合同，需要小李母亲以监护人①的身份代为签约。小王同时提醒小李母亲，小李父亲仍然是小李法律上的监护人，按照过往经验，后续的网签等手续，相关部门可能要求小李父亲也必须到场办理，因此卖房的事儿需要提前和小李父亲通个气，要是小李父亲不同意的话，接下来的手续会比较难办。

小李母亲听到后脸上微露难色，毕竟两人之前一提到这事儿总会在电话里直接开吵，再和他商量肯定还是没有结果。小李母亲不想因为前夫的固执，让女儿出国的计划泡汤，前途受到影响，心想不如等到要过户了再和前夫说，来个先斩后奏，到时候箭在弦上不得不发，只怕他不同意也不行了。于是，小李母亲答复小王，说没问题，她早和前夫沟通过了，前夫都知道。

2016年9月，小李母亲和小张来到住建部门办理网签，现场工作人员指出，小李的父亲也必须到场，并且需要签字。小李母亲心里咯噔一下，心想真是怕什么来什么。可即使心里百般不情愿，她还是拨通了小李父亲的电话，希望小李父亲体谅她的苦心，同意卖房。小李父亲一问成交价，果断表示不同意，直言这个价格卖低了，又指责小李母亲擅作主张，不和他商量。

---

① 监护是一种民事法律制度，旨在为无完全民事行为能力的未成年人和因精神或身体障碍无法完全自理的成年人提供人身、财产及其他合法权益的监督和保护。在此制度下，被监护人由于年龄、心智或其他原因无法独立行使权利，因此需要由指定的监护人（个人或机构）来负责其日常生活、教育、医疗、财产管理等事务。监护人的职责是确保被监护人的权益不受侵犯，并帮助他们在社会和法律框架内得到适当的照顾和保障。《民法典》第二十七条规定，父母是未成年子女的监护人。未成年人的父母已经死亡或者没有监护能力的，由下列有监护能力的人按顺序担任监护人：（一）祖父母、外祖父母；（二）兄、姐；（三）其他愿意担任监护人的个人或者组织，但是须经未成年人住所地的居民委员会、村民委员会或者民政部门同意。

小张眼见交易无法继续进行，只得委托律师发送律师函，要求解除合同。经过多次沟通，双方始终没能达成一致意见，小张无奈将小李及其父母、中介方共同诉至法院，请求法院判决：小李及其母亲返还定金100000元，并支付违约金，中介方对此承担连带责任。

法院经审理后认为：

1. 小李尚未成年，房屋买卖这样的大宗交易已然超出小李的判断能力，应由代理人代为卖房及签约，小李母亲作为监护人理应享有代理权，据此，房屋买卖合同本身合法有效；

2. 小李父母虽然离婚，但小李父亲仍然是小李的监护人，对小李负有监护职责，房管部门也要求小李父亲配合办理网签，现小李父亲拒绝配合，显然，当前合同已经无法继续履行，小张有权要求解除合同；

3. 小李母亲在中介公司已经明确告知需要小李父亲同意卖房并参与后续手续的情况下，故意隐瞒其未与小李父亲商量卖房、小李父亲也不同意卖房的情况，其对合同无法履行负有责任，应当退还定金并赔偿小张相应损失；

4. 中介方已经尽到了相应提示义务，不应对此承担连带责任；

5. 小李的父亲并非房屋买卖合同的当事人，合同没有经他签字认可，其有权拒绝配合合同的履行。

最终，法院判决小李母亲返还定金100000元，并酌定其赔偿小张50000元的经济损失。

案例二

监护人要卖房，未成年人有权拒绝吗？

2005 年 5 月，小李的父亲老李购买了一套二手房，该房屋的性质为经济适用房①。

2014 年 6 月，小李的母亲见丈夫始终豪赌成性，担心终有一日他连一家人落脚的住处也输个精光，便苦口婆心不断地劝丈夫尽早将房子赠给小李，让他自己搬出去租个房子住，免得赌桌上要债的人天天上门围堵，让年幼的小李有家也难归。

老李听后觉得有道理，便将房子赠给了小李，并由小李的母亲作为监护人代表小李接受赠与。几个月后，房子过户登记到小李名下，房产证上根据赠与合同的约定载明："赠与生效后，赠与人不得对赠与房屋作出抵押、买卖等类似行为的处理，赠与房屋有关事宜由受赠人全权处理。"

2015 年，小李的母亲实在是无法忍受丈夫的恶习，于是决定离婚，二人办理了离婚登记，离婚协议中约定小李由其母亲抚养监护。5 年后，小李的母亲因病去世，小李开始和外祖母一起生活，但老李仍然是小李法律上的监护人。

2021 年，老李因为急需用钱，想要把房子卖掉。他找到小李的外祖母，表示想出售小李名下的房屋，小李的外祖母起初并不同意，她

---

① 经济适用房，是指政府提供政策优惠，限定套型面积和销售价格，按照合理标准建设，面向城市低收入住房困难家庭供应，具有保障性质的政策性住房。其用地一般实行行政划拨的方式，免收土地出让金，购买经济适用住房不满 5 年，不得直接上市交易；已购买满 5 年的，购房人可以申请上市转让，但根据不同地区的具体政策，可能需要补交综合地价款或土地出让金。

担心房子卖了之后，自己和外孙女从此无家可归。老李劝说道："房子卖出去之后，我会另外帮你们租房子住。反正您的退休金也养活不了小李，用卖房子的钱减轻些您的负担，难道不好吗？"小李在母亲去世后，全靠外祖母抚养照顾，祖孙俩每个月指着外祖母千元出头的退休金过活，这些年生活得确实也很拮据。老人心疼外孙女，见小李父亲连连承诺会把钱用在小李身上，最终点头同意卖房。

之后，老李将房子挂到了各社交媒体上，进行出售。过了几天，小张联系了老李，表示看上了这套房屋并决定购买。

签约时，小张核实了小李和老李的户口本，户口本上显示二人的关系为"父女"；在核验房产证的过程中，小张注意到房产证上"限制赠与人处分房产"的备注，便要求老李把小李接到现场，一并确认合同内容。

老李拍着胸脯表示女儿肯定是同意卖房的，只是这会儿小李还在学校上学，不方便过来，后面办手续的时候他会把小李一起带上，小张同意了。最终，老李作为小李的代理人，与小张签订了房屋买卖合同。

签约后，由于未成年人只能办理二类储蓄卡（收支金额存在限制），小张便以自行支付的方式向老李转账200000元定金。

由于交易房屋是经济适用房，过户之前需要先办理上市手续[①]。审核机构看到房产证中特别记载的内容，表示需要小李亲自前往办理。但小李知道这件事后，坚决不同意卖房，并拒绝配合办理相应手续。

---

① 一些特殊类型的房产，如经济适用房、拆迁房等按照房屋所在地政策要求在出售前需要相应登记机构进行相应审核才能出售。

小李的外祖母前去劝说，小李表示房子是妈妈给她争取到的重要财产，妈妈生前一再强调不能让父亲随便卖房。小李的外祖母想起这些年老李的种种不靠谱行为，又想起小李母亲生前的嘱咐，便不再劝说。

因为小李不同意卖房，房子的上市手续办理受阻，无法继续出售。小张转而要求解约，并要求老李退还全部定金，哪知，这200000元定金在短短的时间内竟被老李挥霍殆尽。

小张无奈，只得将老李、小李起诉至法院，请求法院判决：解除房屋买卖合同，老李和小李归还定金200000元，支付违约金54万余元。

法院经审理认为，小李现已满15周岁，虽然尚未成年，但已经有一定的认知能力和判断能力。交易房屋是小李生活、学习、成长的重要物质保障，只有明确取得小李的售房意愿，老李才能代理小李对房屋进行出售。同时，赠与合同、房屋权属证书载明，"赠与生效后，赠与人不得对赠与房屋作出抵押、买卖等类似行为的处理，赠与房屋有关事宜由受赠人全权处理"，据此，老李处分交易房屋应当征得小李的同意。老李没有征得小李同意即售房，属于超越代理权的行为，合同对小李不发生效力。现房屋无法过户，老李已然违约，依法应承担违约责任。因此，老李应将该200000元定金返还给小张。

最终，法院根据各方过错程度，判决：1. 解除房屋买卖合同；2. 老李返还小张购房定金200000元；3. 老李支付200000元定金的资金占用利息损失。

但直到胜诉判决取得至今，小张也未能追回200000元定金——老李见势不妙，早就消失得无影无踪了！小张眼见辛苦攒下的购房款打了水漂，痛苦而无奈。

案例三

为谋私利出售未成年人房产，法院判监护人赔偿

2020年5月，小李的父母遭遇意外双双身亡。小李当时年仅15岁，还在学校念书，因父母同时去世，尚未成年的小李不幸成为孤儿。小李的舅舅作为与小李血缘关系最近的亲属，成为她的监护人。自此，小李享有的政府补助和救助金，都会按时发放到小李舅舅的账户。小李父母留下的遗产，也交由舅舅打理。

但谁也没想到，小李的父母去世仅半年时间，舅舅就打起了小李财产的主意。原来，小李父母生前曾购买过一套房产，登记在小李名下。舅舅计划利用小李的年幼无知，让小李"自愿"把房子过户给他。

舅舅以近期急用钱，需要用房子办理贷款为由，要求小李将这套房屋过户给自己，并承诺以后会给她另外购买一套房子。经过小李舅舅的"努力"劝说，2020年12月，小李最终同意将房子出售给舅舅的前妻王某，并且签署了房屋买卖合同，合同约定房屋成交价为800000元。之后，小李在舅舅的"指引"下，配合办理了房屋过户手续。

然而，尽管房屋成交价格已经远远低于签约时的市场价，这位前舅妈王某却自始至终没有向小李支付过任何购房款。

一个多月后，王某以小李卖给她的这套房屋作为抵押，向银行借款780000元。2021年4月，王某又以该房屋作为抵押，向他人借款250000元。就这样，小李的舅舅和前舅妈没花一分成本，便轻松取得了逾百万元贷款，看着账户上突然多出来的钱，两人心里乐开了花，

按照之前的计划，他们赶忙把这笔"巨款"用来给儿子结婚添置婚房。

原来，小李的舅舅和前妻的儿子结婚在即，但在一线城市购置婚房耗资巨大，首付凑来凑去，还差一百来万元没有着落，小李的舅舅便在王某的怂恿下，打起了小李房子的歪主意。两人一合计，决定用小李的房子办理贷款，这样耗时短、来钱快，而且就算最后还不上也没关系，反正有小李"给"的房子作抵押，碍不着他们什么事儿。后来，因为前舅妈王某没有还钱，银行和其他债权人对这套房屋申请了强制执行，房子最终被他人购得。舅舅自然也没有兑现再给小李买一套房的承诺。小李渐渐明白了，自己是被舅舅当成了棋子，她十分难过和气愤，却又暂时无计可施。

2022年9月，小李年满18周岁，顺利考入某大学的法律系，成为一名法学生。在老师的鼓励与指导下，小李决定拿起法律武器为自己讨一个公道，她向法院提起民事诉讼，请求法院判决：舅舅及其前妻王某共同赔偿她的损失1300000元。

法院经审理认为，小李的舅舅利用其监护人的身份便利，在小李年幼无知的情况下，与其前妻王某合谋串通，通过订立房屋买卖合同的方式转移小李名下的房产，并让前妻王某用该房产向银行、个人进行多次抵押用于借款，但因此所获得的款项并没有用于小李的生活或学习，反而用于给自己的儿子购房，这既有损未成年人小李的利益，也有违监护人的职责。小李舅舅的上述行为侵害了小李的合法财产权益，应当对其损失承担赔偿责任。王某应承担连带责任。

最终法院支持了小李的诉讼请求，小李舅舅与王某赔偿了小李各项损失共计1300000元。

🛈 风险提示

小张/小李在案例中的种种遭遇，已经不单纯是法律层面的问题，还折射出家庭、社会伦理层面的诸多现象。在这里，小贝提醒广大消费者：

1. 如果交易房屋登记在未成年人的名下，监护人在出售房产时，应确保出售行为符合未成年人的最佳利益。例如，应根据未成年人的年龄和智力状况，征询其对房屋出售的真实意愿；将售房款用于未成年人的教育、医疗或其他必要开支。同时，监护人应避免在出售房屋的过程中产生与未成年人利益相冲突的情况。例如，监护人自己也是购买方，或将售房款用于和未成年人完全无关的用途。

须知，监护权既是权利也是责任，必须依法行使，不得滥用，任何企图通过不正当手段侵害未成年人利益的行为，都将面临法律的制裁，导致对购买方需承担违约责任、对未成年人需承担侵权责任的双重不利后果。

2. 作为购买方，在购买未成年人名下的房屋时，应当慎之又慎，具体包括：首先，需审慎核实监护人的身份，以确保其是未成年人的合法监护人，通常，购买方可以通过查看法院判决书、监护权证明等文件进行核实。其次，购买方需要了解监护人是否有权代表未成年人出售相应房产，这可以通过询问监护人、查看相关的法律文件或监护协议等进行了解。最后，购买方应询问监护人出售房产的目的，并确保相应目的符合未成年人的最佳利益。

购买方切莫轻信监护人的片面之词而草率决定购房，否则，可能导致交易纠纷或交易最终被判无效的后果，使得自身疲于应对。

小贝普法

未成年人在法律上的概念是什么？

未成年人是指未满18周岁的自然人。根据法律关系主体能否认识自己行为的性质、意义和后果，以及能否控制自己的行为并对自己的行为负责，我国法律将自然人划分为三类：完全民事行为能力人、限制民事行为能力人、无民事行为能力人。未成年人通常属于限制民事行为能力人或无民事行为能力人。

（1）完全民事行为能力人，是指具有完全民事行为能力，可以独立进行民事活动的成年人，通常指18周岁以上的公民。16周岁以上不满18周岁的公民，以自己的劳动收入为主要生活来源的，视为完全民事行为能力人。

（2）限制民事行为能力人，是指独立通过意思表示进行民事法律行为的能力受到一定限制的自然人，主要包括8周岁以上不满18周岁的未成年人和不能完全辨认自己行为的成年人。限制民事行为能力人实施民事法律行为由其法定代理人代理或者经其法定代理人同意、追认，但是可以独立实施纯获利益的民事法律行为或者与其年龄、智力、精神健康状况相适应的民事法律行为。

（3）无民事行为能力人，是指不具有以自己独立的意思表示进行民事法律行为能力的自然人。不满8周岁的未成年人、不能辨认自己行为的成年人以及不能辨认自己行为的8周岁以上的未成年人为无民事行为能力人。

根据法律规定，只有完全民事行为能力人能够独立进行房屋的出售或购买，限制/无民事行为能力人均应由其法定代理人代理签约。监护人如果决定出售未成年人财产，必须符合未成年人的利益。如果监护人不履行监护职责或者侵害被监护人的合法权益，应当承担法律责任，包括赔偿损失等。

专题十四
合理规划还贷，及时注销抵押

二手房交易资金成本高昂，很多人在初次购房时不得不倾尽所有，即使这样，全款买房也往往遥不可及，大多数人会选择以贷款的方式购房，将房屋抵押给银行，圆自己的购房梦。因此，房屋存在抵押的现象较为普遍；等到想要售房时，还剩一笔银行贷款没有还清的现象也屡见不鲜。大多数情况下，出售方能够通过使用购房款或自筹资金的方式顺利偿还银行贷款并解除抵押登记，扫清交易障碍，但也有一些出售方因为各种理由不愿或无力还贷，导致最终没能成功解除抵押，这会使交易进度受阻，引发违约责任。

本专题希望通过以下几个案例，提示交易双方在购房、售房过程中合理规划还贷、解押的方案，确保交易顺利进行。

案例一

隐瞒抵押售房，耗时又赔钱

小张看中了一套二手房，想要买下自住。2020 年 6 月，小张与出售方小李顺利签约，约定：签约当日小张应支付定金 50000 元；2020

年 6 月 30 日之前，小张应支付购房款 600000 元；小李应将收到的以上购房款优先用于偿还债务（若有），并办理抵押注销手续；若款项不足，小李自行补足。签约时因小李告知房屋无抵押，故合同"是否设立抵押"为空白。

签约完成后，小张当即按约支付 50000 元定金。

2020 年 6 月 24 日，小张和小李碰面，小张支付了第二笔房款中的 250000 元，在支付过程中，小李谈及这个房子有贷款。因签约前小李从未说过抵押贷款的事，小张立刻警觉了起来，询问小李口中的房屋贷款到底是怎么回事。原来，小李曾以交易房屋作为抵押物，借了 100 多万元，现在还没还清，抵押还没解除。

听闻此事，小张十分担心二人之间的交易受到影响，若现在支付了房款，小李未偿还贷款，或者无力偿还剩余贷款解除抵押，可能自己最终会落得钱房两空的结局。面对如此巨大的交易风险，小张要求小李先把钱还了，把抵押解了，自己再支付剩下的房款；小李认为小张的诉求属于无稽之谈，因为根据合同约定，小张支付完房款在先，自己还债解押在后，小张支付完房款自己才有钱解除抵押，于是要求小张继续按约履行房款支付义务。双方谁也说服不了谁，合同便搁置未继续履行。

2020 年 7 月 14 日，小李向小张送达律师函，要求小张尽快支付购房款，否则将追究小张的违约责任。

收到律师函后，小张越想越气：小李不但隐瞒自己房屋存在抵押的事实，拒绝补救，现在还要来追究自己的责任，实在是过分，于是隔天也向小李发送了律师函，表示由于小李隐瞒房屋被抵押的情况，自己受到欺诈而签约，小李已构成违约；自己未支付房款系行使不安抗辩权[①]，是合理合法的；并给小李7天时间解除抵押，以便双方继续履约。小李收到律师函后仍置之不理。

于是小张将小李诉至法院，要求解除双方签订的房屋买卖合同，小李承担违约责任；小李提起反诉，认为构成违约的是小张，要求小张承担违约责任。

诉讼过程中，小李表示，合同已经约定了小张支付的购房款自己将优先用于还贷，以办理抵押注销手续；所以，小张支付购房款应当在先，自己办理解押手续在后，现小张没有及时支付房款，自己也无力还款解押。

法院经审理认为，这一约定是双方在确认房屋不存在抵押的基础上就付款方式作出的约定，但实际上买卖合同未载明房屋设有抵押权，小张直到签约后支付房款时才知晓该情况，故这一条款适用的前提基础不存在，该条款不应作为合同内容。房屋上设有抵押对于小张来说是十分不利的，小张暂缓支付房款符合行使不安抗辩权的情形，是合理的。反观小李，作为出售房屋的一方，应当确保房屋能够顺利交易，但小李不仅在签约前隐瞒房屋存在抵押的重要信息，而且在小张知情后给予了解除抵押宽限期的情况下，仍拒绝解除抵押并提出解约，属于违约，现小张要求解除合同，符合法律规定。故，法院判决合同解除，小李返还小张全部的购房款，并双倍返还定金。

精明的小李本以为隐瞒房屋抵押情况，能够尽快促成交易，只要小张的房款到位，自己偷偷解除抵押就能顺利走完后续流程，未曾想

[①] 不安抗辩权的概念，详见文末小贝普法。

百密一疏，签约前隐瞒抵押的行为成了后患。

案例二

抵押无力解，法院判担责

2020年8月，小李和小张签订了房屋买卖合同。合同约定：

1. 房屋成交价为2280000元；

2. 房屋还有1720000元的银行商业贷款没有结清，小李需在2021年1月15日前通过自行筹款的方式向银行提交一次性还款申请，并最迟于2021年6月15日前解除抵押登记。

合同签订后，小张按期向小李的银行账户转账300000元，备注"房屋买卖定金"。

之后，小张静静等待小李与银行沟通，办理解押还贷手续。可日子一天天过去，小张却始终没等来小李的好消息。

原来小李遇到了不小的困难：本来他已经筹够了提前还款的钱，但由于经济下行，他近期遭遇了裁员；之前答应借钱给他的亲戚、朋友，不知从哪儿听说了他的近况，担心他后续无法按时还钱，有的变卦称自己也要买房，没有闲钱再借给小李，有的则谎称配偶不同意借钱，纷纷对小李爽约。眼看快到约定的解除抵押时间，仍然有几十万元的资金没能凑齐，小李心急如焚。

其间，小张多次向小李询问办理进度，小李都含糊其词，始终没有如实告知，被追问得急了，便搪塞说"在办了"，来掩饰自己的心虚。

小张预感不妙，便向小李追问实情。小李见纸包不住火，过几天就是2021年6月15日，即约定的解除抵押时间，眼看着再也瞒不过去，于是对小王说了亲戚朋友不愿借钱，自己又失业，现在资金链已经断裂的事，巨大的资金缺口始终无法填补。小李表示希望小张能多给自己一些时间解决资金上的问题。

小张知道后气愤不已，定金都付了，可前前后后拖了快一年，小李竟然连解除抵押都没能搞定，这可是出售方第一步就需要解决的交易卡点啊！

为了讨个说法，小张最终将小李诉至法庭，请求法院判决：解除房屋买卖合同，小李依据定金罚则双倍返还定金600000元，并赔偿律师费。

通过庭审，法院认为：小李因为自身原因没有履行合同约定的解除抵押义务，导致合同目的无法实现，确实存在过错，小张要求解除合同的诉求合法合理。最终，法院判令解除房屋买卖合同，小李双倍返还定金600000元。

判决生效后，小张满以为很快就能收到小李退还的600000元，但小李断供已久，连生活来源都没了着落，便一直拖着没有还钱；小张又从小李的欠贷银行那边了解到，银行已经起诉小李还款并取得了胜诉判决，后续计划将小李的房子进行拍卖，以拍促谈迫使小李还钱。小张的律师告诉他，小李为了保住房子，大概率会先紧着还银行的钱，就算小张申请强制执行，也要求小李用房子的拍卖款还债，可房子上还有银行的抵押权，银行可以优先受偿，小张作为普通债权人，最后能否收回欠款还未可知。

小张无奈，多次联系小李协商还款的事儿，小李却像人间蒸发了一般，始终不予回复。前路漫漫，小张不知道自己的"追款之路"最终能否柳暗花明。

小李本以为卖掉房子，从此便能无债一身轻，没想到棋差一招，一步错、步步错，现在倒背了一身债不说，还落得房子要被拍卖、自己也成了失信人的结局。小李欲哭无泪，每天一睁眼就得四处筹钱，期望自己能早日还清债务，回归正常的生活。

风险提示

本专题的案例中，交易房屋存在高额贷款尚未结清，出售方或刻意隐瞒抵押情况，或遇上资金链断的困难，最终导致解除抵押手续无法完成，落得钱房两空、被判违约的双输结局，实在令人唏嘘。但这也充分说明，在购房、售房过程中，交易风险时刻存在。小贝在这里提示广大消费者，务必做到：

1. 仔细核实房屋的产权及抵押情况。作为购买方，应充分关注交易房屋的产权状况，通过查阅房屋权属证书、到房管机构打印"产调单"（各城市称谓不同，也称查册表、产权核查单等）等方式，详细了解房屋是否存在抵押、查封等情况。如果存在，应进一步核实出售方的债务情况，了解出售方需偿还的欠款余额，并要求出售方制订明确的还款计划（还款资金来源、还款时间等）。购买方应要求在房屋买卖合同中写明房屋的抵押欠款情况、出售方解除抵押的时间及违约责任等，做到先说断后不乱，确保后续交易步骤的推进有据可依。

2. 制订可行的提前还款及解除抵押方案。作为出售方，如果房屋存在尚未还清的抵押欠款，一定要合理规划还款事宜：提前与银行沟通还款事项，确保还款资金充足并预留足够的资金，还清后及时要求银行解除抵押登记等。如果交易房屋所在的城市支持带押过户，出售方可以向中介方了解具体办理条件和办理流程，并在与购买方、银行等相关方充分协商的基础上予以办理。出售方切忌忽视自身财务情况，或过于乐观地估计办理周期，盲目承诺偿还贷款及解除抵押的时限，否则可能承担违约责任。

小贝普法

1. 什么是不安抗辩权？

不安抗辩权是指应当先履行债务的当事人有确切证据证明对方丧失或者可能丧失履行债务能力的，有权中止履行合同义务。

《民法典》第五百二十七条规定，应当先履行债务的当事人，有确切证据证明对方有下列情形之一的，可以中止履行：

（一）经营状况严重恶化；

（二）转移财产、抽逃资金，以逃避债务；

（三）丧失商业信誉；

（四）有丧失或者可能丧失履行债务能力的其他情形。

当事人没有确切证据中止履行的，应当承担违约责任。

第五百二十八条规定，当事人依据前条规定中止履行的，应当及时通知对方。对方提供适当担保的，应当恢复履行。中止履行后，对方在合理期限内未恢复履行能力且未提供适当担保的，视为以自己的行为表明不履行主要债务，中止履行的一方可以解除合同并可以请求对方承担违约责任。

以上条款的目的主要在于平衡合同各方的利益，避免先履行方的履约风险。

上述案例一中的小张在发现小李隐瞒了房屋存在抵押的事实之后，对小李产生了不信任的心理，不再相信小李能够继续履约，因此在通知了小李之后，没有再继续支付房款，是合理行使不安抗辩权的行为。

专题十五

查封房[1]要不得

在二手房交易中，如果出售方陷入财务困境，那么其债务问题就成为悬在交易进程之上的一把利剑，随时可能导致交易房屋被债权人查封，给交易带来巨大的不确定性。虽然根据我国实施的不动产统一登记制度规定，购买方可以通过查询房产证及不动产登记簿来初步了解交易房屋的产权归属情况，但这些资料往往只能反映房屋在最初登记时的状态，难以实时捕捉之后发生的每一次产权变动情况。

因此，为最大限度地降低交易风险，确保购房安全，购买方应当要求出售方在签约当日提供最新的产权调查单（产调单），以此核实房屋是否存在查封、抵押等情况。这一步骤对于保障购买方的合法权益至关重要，它能帮助购买方在交易前做出更加明智的决策，避免因信息不对称而陷入法律纠纷，产生经济损失。

---

[1] 查封，是指有权采取查封措施的国家机关对公民、法人或其他组织的动产、不动产及其他财产权采取的限制处分的行为。查封房就是指被法院等国家机关查封的房产，此类房屋无法交易。

| 安家： 99个故事教您买卖二手房

本专题旨在通过以下案例，提示购房者在签署房屋买卖合同前仔细审查交易房屋的权属证明材料，避免因交易房屋存在查封情况导致资金损失。

案例一

签前查封，钱房两失

2020年年初，小张深感现居房屋空间狭小，难以满足一家五口的日常生活需求，遂萌生了置换房屋的念头。

经过多番比较，小张对小李的房子颇为心仪。该房坐北朝南，户型规整，且因小李急于出售，房屋总价相比同小区同户型房屋便宜了近10万元。在价格的吸引下，小张与小李约定签订房屋买卖合同。

2020年5月5日，签约当日，小李原本应提前前往不动产登记中心查询房屋产调单，然而，因小李工作繁忙、时间紧迫而未能前往打印。为了不影响交易进程，小李提出可提供房产证供小张核实产权信息。

小张仔细查看了小李提供的房产证，证书上的公章清晰可辨，钢印也颇具质感，看起来极为真实；同时，为确保无误，小张还向专业人士咨询了证书的真实性，得到了肯定的答复。该房产证明确载明产权人为小李，房屋无抵押、无查封情况。

经过协商，小李再次降价20000元，最终以1830000元的价格将房屋出售给小张，双方签订的房屋买卖合同约定：

1. 小李承诺交易房屋不存在产权纠纷，未被限制转让。

2. 双方于2020年11月6日前完成网签手续的办理；若交易房屋

被查封或限制转让，致使小张无法取得房屋所有权的，则小李构成根本违约。

签约后，小张依约通过银行转账的方式将 130000 元定金支付给了小李。

2020 年 7 月，小张顺利出售了自己名下的房屋，得以凑齐购买小李房屋的首付款。

然而，到了二人约定的办理网签手续的日子，小李却一直未出现；不知道发生了什么事情的小张不断地打电话催促小李按时办理网签，却被小李告知：早在 2019 年 9 月，因自己的个人债务纠纷，房屋便已被法院查封，查封期限长达 3 年，这导致交易无法继续进行。

说完之后，小李便挂了电话，彻底失联了。在这之后，绝望的小张多次尝试联系小李，却发现小李已踪迹全无。无奈之下，小张只能向法院提起诉讼，请求法院判决解除房屋买卖合同，并要求小李双倍返还定金 260000 元。遗憾的是，直至庭审结束，小李始终未露面。

但小李的缺席并不影响法院的审判，法院经审理认为，小李故意隐瞒房屋已被查封的事实，致使交易无法继续进行，合同应当解除，小李理应承担违约责任。法院最终支持了小张的全部诉讼请求。

令人惋惜的是，由于小李的失踪以及所购房屋被查封的现状，即便小张持有生效的法律文书，在执行过程中也面临着重重困难，难以追回自己的损失。小张的维权之路依然漫长而艰辛。

案例二

没看到房产证，你敢签约吗？

2016年是小张来到T市的第十年，经过十年的打拼，小张终于攒够了在T市买房的钱，踏上了安家的道路。几经寻找，小张通过某社交媒体，发现了正在售房的小李，看了几次房之后决定购入小李的房屋。

2016年8月27日，小张来到小李的房子中，二人坐在一起商谈签约事宜。小张提出要看看交易房屋的房产证，小李则表示：自己的房屋是从开发商处购买的新房，虽然现在已经可以办不动产权证了，但自己暂时还没有时间去；但是可以提供当时与开发商签署的商品房买卖合同作为产权证明。小张有点犹豫，小李见状劝说道："你放心，这房子肯定是我的，咱们签了合同之后我就去办证；我这套房子地理位置好，不少人都想买呢，况且现在的房子一天一个价……"

因为是苦寻了几个月的房子，虽然在证件上有所缺失，但小张仍然不想错过这个机会。于是听到小李这么说，又看了小李提供的商品房买卖合同后，小张也就按捺住心中隐隐的不安，和小李签订了房屋买卖合同。二人在合同中约定：

1. 小李须于2016年9月30日之前还清房屋贷款余额290000元；

2. 如果小李未能履行本合同导致合同终止、无法履行或解除，则小李须双倍返还定金；

3. 小李承诺在合同签订之日起7个工作日内办理房产证。

合同签订后，小张向小李支付了100000元定金。至此，小张暗暗放下心来，沉浸在自己即将在这座城市开启崭新生活的欣喜中。

但时间一天天过去，小李一直没去办理房产证，也没有告诉小张是否已经还清了房贷，小张逐渐着急了起来。

2016年10月，小张主动联系小李询问还款的进度，却被小李通过微信告知，自己凑不够钱偿还房屋贷款余额，导致合同无法继续履行了。小张立刻着急地给小李打电话，但根本打不通，微信轰炸也没有任何用处。就这样，小李失联了。

此时的小张仍然对小李抱有希望，想通过司法途径找到小李，借助法律的力量让小李继续履约，于是小张向法院提起诉讼，要求法院判决小李继续履行合同。

但接下来的事情让小张傻了眼。

2017年4月，案件进行了第一次庭审，小李并未如小张所愿出现在庭审现场。为了查明事实，法院调取了房子的产调单。正是这一次调查，小张才知道原来房子被小李设立了多笔抵押，由于小李无力还债，房子早在2014年11月12日就已经被其他法院查封，查封期限至2019年11月12日。换言之，小李的房屋当前根本不具备交易过户的条件。

小张马上冷静下来，变更诉讼请求为：1. 解除房屋买卖合同；2. 小李双倍返还定金200000元；3. 小李赔偿房屋差价损失。

法院经审理认为：小李逾期办理还款，且隐瞒房屋被查封的事实导致合同无法继续履行，构成违约；小张因小李的违约行为承担了房价上涨的后果，现在房屋的市值已经比小张购买时上涨了十几万元，小李应承担这部分损失。最终，法院判决：1. 房屋买卖合同解除，小李向小张双倍返还定金200000元；2. 小李向小张赔偿房屋差价损失

140000 元。

但拿到胜诉判决的小张笑不出来，因为小李债台高筑根本不具有偿还能力，仅剩的这个房屋经过多轮查封更是难以变现，小张短时间内难以取得判决的全部款项。最重要的是，因为政策变化，小张已经不具备购房资格，想要在这个城市安家的美好梦想又变得遥遥无期。

但好在维权路虽然长，小张从未放弃。2017—2023 年，整整 6 年之后，小张终于拿到了最后一笔赔偿款，这个故事总算是画上了一个不那么完美的句号。

风险提示

小张的坎坷经历为大家敲响了警钟，房地产交易涉及的金额大、流程周期长，任何一个疏忽都可能导致产生巨大损失。

因此，小贝提示消费者务必提高风险防范意识：

1. 不动产权证书往往只记录着房屋初始的产权状况，很难及时反映此后的产权变动情况，签订房屋买卖合同之前，购买方应要求出售方提供当下最新的房屋权属证明材料（如 24 小时内的产调单）。

2. 如果签约时无法提供最新的房屋权属证明材料，建议购买方选择正规的、有公信力的存管机构对定金进行监管，当出售方提供符合时效的权属证明材料后再进行资金解冻。

3. 购买方应注意仔细审查交易房屋是否有抵押、查封、居住权等禁止或限制转让的情况，这些情况如果未被妥善处理，可能对购房者的权益造成重大影响，如果出现，购房者应当予以警觉；若房屋存在查封情况，建议果断舍弃签约。

专题十六

土地使用年限"缩水"要提防，签约之前查周详

在我国，房屋土地使用权年限①随土地用途的不同而存在差异，其中，住宅用地的土地使用年限最高为70年，非住宅用地的土地使用年限一般为40年至50年不等。针对土地使用权年限到期后如何处理的问题，政策层面尚未出台细化的规定，这使得年限到期后的续期和费用成本存在一定的不确定性。可见，房屋的土地使用权年限是影响二手房交易成败的一项关键因素，它不仅关系到房屋的价值和未来的使用，还可能影响贷款条件及房屋的再交易，买卖双方都应给予足够的重视。

本专题希望通过以下几个案例，提示交易双方在房屋买卖过程中，应关注土地使用权的年限问题，确保交易建立在公正、透明的基石上。

案例一

"不翼而飞"的20年

小张经过几轮看房，决定购买小李的房子。2019年1月2日，两

---
① 又称产权年限，详见文末小贝普法。

人在中介方的撮合下坐到一块儿商谈，签订了房屋买卖合同。

签约时，小李提供了交易房屋的房产证原件，上面载明房屋的性质为"住宅"，但没有注明土地使用权年限。小张自认为对该小区情况以及交易常识都比较了解，默认交易房屋的土地使用权年限为70年，便没有再做进一步的核实。

过了几天，小张通过了购房资质审核[①]。之后，小张和小李在中介方的指引下，陆续办理了网签、面签及资金监管[②]手续，小张将20000元定金及150000元首付款都转入了房管部门指定的资金监管账户。

没想到几天后，银行传来了坏消息。经银行核实，交易房屋的实际土地使用权年限为50年，而非70年。小张得知后非常震惊，自己以为"住宅"都是70年的土地使用权年限，怎么这套房子却只有50年？还有20年的土地使用权年限怎么就"不翼而飞"了？

小张急忙打电话质问小李为什么土地使用权年限"缩水"了，为什么不早说清楚房子是50年的土地年限而非70年。小李听完反问小张："我什么时候跟你说是70年？是你自己看到房本上写的'住宅'，就自顾自地认为是70年……"小张仔细回想签约当天的情况，小李的确没有提到具体的土地年限，他没好意思再说什么，只好先挂了电话。

此后，因为土地使用权年限仅有50年，小张无法按照合同约定的条件申请贷款，也没有更多资金支持他全款买房，无奈只得终止交易，

---

① 购房资质审核，指根据限购政策的要求，对购买方是否具备房屋购买资格进行全面评估的过程，该审核旨在确保购买方的身份真实有效、经济实力充足、信用记录良好并符合当地政府的购房政策要求。

② 资金监管，又称资金存管，是指为了确保存量房交易资金的安全，购房者选择第三方支付机构、银行、政府或政府指定的资金监管机构，办理交易资金支付、监管及履约划付，包括定金、首付款、物业交割保证金、户口迁出保证金、腾房押金、装修款等。资金监管机构完成资金解冻材料的审核或经购买方确认后，才会将资金划转至约定的收款方。

专题十六　土地使用年限"缩水"要提防，签约之前查周详

他的安家美梦也就此搁浅。

小张找到中介方，告知是小李不讲诚信，没有如实披露交易房屋的土地使用权年限，导致他存在误判；这一点中介方没有查清，也存在过错；因此他要求中介方出面，劝说小李和他一起协商解约事宜。2019年5月5日，小李、小张及中介方经过协商，共同签署三方解约协议，约定：小李收取的20000元定金无须退还，但小李及小张均需配合撤销网签及注销资金监管手续；中介方退还中介服务费，向小张赔偿定金金额及相应利息损失，同时，补偿小张交通费4800元。

之后，小李一直不配合小张办理解约手续，小张和经纪人都不断催促，小李却始终未出面。小张决定举起法律武器来维护自身权益，便将小李及中介方起诉至法院，要求判决：小李配合办理撤销网签及注销资金监管的手续，并赔偿房屋价格上涨的损失（约20000元），中介方对此承担连带责任。

法院经过审理认为：解约协议合法有效，小李应当配合办理撤销网签、注销资金监管等手续；小李没有如实告知房屋的实际土地使用权年限是50年，应对由此给小张造成的房屋差价损失承担50%的责任；中介方没有尽到对土地使用年限的审慎核实义务，应承担30%的责任；小张本人没有尽到必要的注意义务，未经仔细核实即默认房屋土地使用权年限为70年，自身也存在过错，应承担20%的责任。

经过此事，小张知道了并非所有住宅的土地使用年限都是70年，因为实际情况可能因地块规划、历史原因等多种因素而有所差异；再买房时一定要通过正规渠道去核实土地使用年限。

案例二

故意隐瞒土地使用年限，合同撤销违约担责

2023年3月12日，小李通过某社交平台挂售的房子被小张看中，两人来到交易房屋中协商房屋价格等交易细节。小张提出要看房产证原件，小李先是回答"忘带了"，过一会儿又补充说"原件遗失了需要补办，暂时没法儿提供"，第一次买房的小张听到小李的话后也没太在意。

当天，两人完成签约，但房屋买卖合同没有对房屋土地使用权年限进行约定。签约后，小张向小李支付了定金10000元。3月底，小李申请补办不动产权证书，并于4月28日取得补办后的证书原件。2023年5月，小张与小李共同前往房管部门办理网签手续。

眼看各项交易手续都在如期推进，小张非常开心，一下班就和家人讨论装修方案。小张一家计划收房后把房子好好装修一番，务必让新家呈现崭新的气象。

可在办理缴税过户手续的时候，小张得知交易房屋的土地用途为"综合用地"，土地使用权年限只有50年，而非70年，这一下就"缩水"了20年，小张着实无法接受。他暗暗自嘲：怕是没等自己熬到还完房贷的那天，房子的土地使用权年限就已经"寿终正寝"了，到时候能不能续期，要缴多少费用都是个未知数，自己到底是买了个房子，还是买了个麻烦？想到这里，小张心里很不是滋味儿，他不愿意吃这个哑巴亏，当即提出不再继续交易。

2023年5月，小李向小张发函，要求小张配合办理缴税过户手续。

专题十六 土地使用年限"缩水"要提防，签约之前查周详

几天后，小张向小李回函，指出小李故意隐瞒房屋土地使用年限为50年、而非70年的事实，完全是欺诈，并要求解除房屋买卖合同，小李返还已收取的260000元购房款。

小李收到小张的回函后，立即向法院起诉小张，请求法院判决：解除房屋买卖合同，小张支付违约金192000元、律师费8000元。小张见小李恶人先告状，也不再客气，随即向法院提出反诉，要求小李返还购房款260000元，并向小张支付违约金192000元、律师费15000元。

法院经过仔细审理后认定：交易房屋的土地使用权年限为50年，与通常"住宅"的土地使用年限70年不一致，年限的问题会影响期满后房屋持有人是否需要补交税费，进而影响购买方的购房意愿，据此属于出售方应当如实披露的重大事项。小李作为出售方，既没有在签约时如实告知房屋土地使用权的具体年限，也没有在取得补办的房产证原件后及时进行披露，致使小张做出了错误的购房决定，法院认为小李构成欺诈。

最终，法院判决撤销房屋买卖合同，小李向小张返还购房款260000元，并赔偿小张相应利息损失。

谁知，小李直到一年后才不情愿地向小张支付完全部款项。这漫长的维权之路把小张折磨得身心俱疲，当初买房的喜悦也早已烟消云散。小张常常自责，自己当初怎么能连房产证原件都没看到，就草率地签了约？以后买房可不能这么随意了！

风险提示

上述案例中，小张的买房路之所以受阻，主要在于没有仔细核实

房屋的土地使用年限，这充分说明，土地使用年限会影响购房者的购买意愿，从而左右房屋交易。因此，买卖双方都需重视土地使用权年限的问题，小贝在此温馨提示：

1. 作为出售方，应在签约前主动向购买方及中介方出示房屋产权证明原件，如不动产权证书、产调单等，以便全面、准确地核实房屋权属情况、土地用途、土地使用权年限等信息；如果房屋存在特殊情况，如虽为住宅但土地使用权年限并非通常认为的70年，则出售方应如实告知，万不可存在侥幸心理。一旦购买方发现剩余年限与自己预计的不一致，其购房意愿可能受到影响，很有可能要求解约。届时，出售方将因未如实披露房屋重大信息担责。

2. 作为购买方，在签约前应仔细核实房屋权属情况、土地用途、土地使用年限等，判断是否符合购房要求。如果签约时无法核查具体年限的（如不动产权证书、产调单均未记载土地年限等情况），购买方应当要求在合同中列明土地年限，并写明若后期发现实际年限不符合约定的，其有权解除房屋买卖合同并向出售方追责，从而避免自身损失。购买方切忌"重口头，轻书面"，使得发生纠纷时无据可依，维权困难。

小贝普法

房屋土地使用权年限，是指房屋所在土地使用权的法定期限。根据相关法律法规，住宅的土地使用权最高年限为70年，工业用地最高为50年，教育、科技、文化、卫生、体育用地最高为50年，商业、旅游、娱乐用地最高为40年，综合或其他用地最高为50年。

其中，住宅的建设用地使用权期限届满的，自动续期，续期费用的缴纳或者减免，依照法律、行政法规的规定办理，非住宅的建设用地使用权期限届满后，依照法律规定办理续期。

关联法规

1. 《城镇国有土地使用权出让和转让暂行条例》（2020修订）

第十二条 土地使用权出让最高年限按下列用途确定：

（一）居住用地七十年；

（二）工业用地五十年；

（三）教育、科技、文化、卫生、体育用地五十年；

（四）商业、旅游、娱乐用地四十年；

（五）综合或者其他用地五十年。

2. 《民法典》

第三百五十九条 住宅建设用地使用权期限届满的，自动续期。续期费用的缴纳或者减免，依照法律、行政法规的规定办理。

非住宅建设用地使用权期限届满后的续期，依照法律规定办理。该土地上的房屋以及其他不动产的归属，有约定的，按照约定；没有约定或者约定不明确的，依照法律、行政法规的规定办理。

专题十七

税费问题轻松谈：谁承担？优惠怎么享？

税费是二手房买卖中不可忽视的一项成本，它直接影响着房屋成交价格，税费也常常作为筹码，被买卖双方用来辅助价格谈判。其实，对于某项具体税费，到底该由哪方去申报纳税，法律是有相应规定的，只不过在真实的交易场景中，买卖双方可以协商约定税费的最终承担方。那么，在税费这一问题上，交易双方都有哪些需要注意的事项？

本专题希望通过以下案例，提示交易双方在购房、售房过程中，特别注意税费问题可能引发的风险，以免发生纠纷。

案例一

"突然"多出来的税费，应由谁承担？

小李委托某中介公司的经纪人老孙出售自己名下的房屋，房子挂售一段时间后，老孙告诉小李，客户小张愿意购买，小李很高兴。老孙询问小李房子买了多久，并解释房屋的持有时间与能否免除交易增值税紧密相关，让小李好好确认一下。小李记得似乎是前两年孩子出生前后买的房子，便告诉老孙自己的房子买到手有两年了。老孙听后表示，如果购房已经满两年，而且省内没有其他的房子，那么这次交易就不会产生增值税①。

2022年7月，小李和小张通过老孙的撮合签订了房屋买卖合同。合同签署时老孙查看了小李的房产证原件（载明房子的取得时间为2021年10月28日），但没有再去核实房子的实际购买时间，以为既然小李这样说，房屋购买的时间一定大于两年了。合同约定：

房屋交易所涉及的增值税及附加费用由小李承担。

2022年9月，小李和小张去当地的房管局申请房屋过户时才得知，交易房屋实际购买并未满两年，不符合免收增值税的情形，按照合同约定小李需要支付增值税近9万元。

小李听到这个消息，一时间无法接受，之前从来没有人告诉自己要交这么多的税费！于是要求老孙解释为什么要缴纳增值税，能不能解约。老孙回复，当时是小李自己说房子已经买了两年，签署合同时才没有进一步核查，导致没有发现这个问题；而且小张不愿意解约，他只想继续过户，早点把房子拿到手。

小李听到老孙的答复，虽然十分不满，但还是很快冷静下来，他考虑如果自己不支付税费，交易也许会终止，万一触发违约责任，自己还要承担大额的违约金，着实不划算，只得同意缴纳税款。一个月后，小李和小张成功办理了房屋过户手续。

房子虽然卖出去了，小李却越想越气愤，他觉得突然多出来的税费不应该由自己承担，于是将中介方诉至法院，请求法院判决：撤销

---

① 根据《营业税改征增值税试点过渡政策的规定》，个人销售其购买不足2年的住房，应当按照5%的征收率全额缴纳增值税；个人销售其购买超过2年的非普通住房，应当按照5%的征收率减按销售收入的差额缴纳增值税；个人销售其购买超过2年的普通住房，免征增值税。

中介服务合同，中介方返还已经支付的中介费，并赔偿自己增值税损失。

法院经过审理认定：小李在过户时已经知道房屋不符合免除增值税的条件，如果继续交易须承担近 9 万元的增值税税费，小李不但没有终止过户，而且选择继续履行房屋买卖合同；据此，中介方已经促成小李和小张的交易，相关中介服务已经完成，小李要求退还中介费没有合理依据。虽然本次交易导致的税费损失与中介方没有核实清楚存在关联，但小李自身也存在重大疏忽；基于此，法院判决中介方赔偿小李 26000 元。

小李虽然挽回了部分损失，但还是为自己的疏忽付出了代价。他心想也算是学到了一课，以后凡是涉及房子的事儿，都得仔细确认，差之毫厘将谬以千里，可不能仅凭记忆就随口乱说了。

案例二

一波三折的税费维权路

小李为了让孩子上个好学校，最近打算换房。他计划把自己目前在郊区的大三居卖掉，换成市中心一小附近的一套小两居。

小李把自己的房子委托给 A 中介公司挂售，不到一个月的时间，A 中介公司反馈小张有意向购买。与此同时，小李另外委托了 B 中介公司帮他寻找合适的小两居，很快，B 公司这边也传来好消息，说是有合适的房源。"一卖一买"两边都开了好头，小李预计成功置换只是时间早晚的问题。

2021 年 3 月 9 日，小李和小张见了面，两人就小张购买小李三居

室的住房进行了洽商,并签署了房屋买卖合同。合同约定:

1. 小李确认房屋产权已经满五年,但不是自己在本市的唯一住房,房屋交易所产生的个人所得税①由小张承担。

2. 若交易房屋实际情况与小李确认的信息不一致,由此导致产生的其他税费由小李承担。

合同中,两人之所以约定小李的房子"满五不唯一",原因在于小李为了提前锁定那套小两居,已经和小两居的业主签约,并走完了交易流程,顺利将小两居先行过户到了自己名下。因此,至小李和小张签约时,小李家庭名下实际共有两套房子,确实不符合"满五唯一"的个税减免条件,小张对此予以接受,表示愿意承担相应个税。

2021年7月,小李和小张办理交易房屋的缴税过户手续,税务机关核定须缴纳个人所得税,但让小张没想到的是,税务机关告知因交易房屋是赠与②得来的,需按照差额③的20%缴纳个税,即小李出售的该套房屋需要支付个人所得税120000余元。

这一"巨额"税费远远超出了小张的想象,根据他之前的大致估算,房屋为"买卖"取得时,按照计税价格的1%纳税,仅需缴纳个税10000余元——现在,两种取得方式导致的税费数额相差十几万元,远远超出了小张的心理预期,直接推高了小张的买房成本,小张当场拒绝支付税费。

小李暗暗叫苦,最近又是买房又是卖房,忙得不可开交,偏偏就

---

① 个人出售房屋时可能需要缴纳个人所得税,如果房屋是家庭唯一住房且持有时间超过5年,则可以免征个人所得税。

② 赠与房产的个人所得税税率为20%,按照房产的市场价值计算应纳税额。

③ 差额,指房产进行评估后确定的计税价格减去房产的原始购买价格所得的数额。

忘了把房子是父亲老李赠给自己的事儿告诉 A 中介公司和小张了。为了让交易继续，小李先行支付了个人所得税，并和小张办理了过户手续。但小李回家后，心绪难平，虽然过户时他认下了这十几万元的个税，但他总觉得自己吃了亏，毕竟根据合同的约定，房屋交易所产生的个人所得税应该由小张来承担。

于是小李联系小张，要求小张承担相应税费，被小张一口回绝。

因此，小李将小张起诉至法院，请求法院判决：小张向其支付自己先行垫付的个人所得税。

法院经审理认为：根据双方签订的房屋买卖合同约定，交易房屋"满五不唯一"时，房屋交易产生的税费全部由小张承担，但如果交易房屋实际情况与小李确认的信息不一致，则相应税费由小李承担。小李在签约时没有如实告知交易房屋是受赠所得，小李要求小张支付由此产生的个人所得税，加重了小张的付款义务，也超出了小张的预期。据此，因房屋取得方式为受赠所得导致的税费应由小李自行承担。

小李向小张索赔无果，拿到法院的判决书后，他又觉得都是因为 A 中介公司不专业，没有核实清楚交易房屋是受赠所得，也没有提示自己这种情况要按差额的 20% 缴纳个人所得税，这才导致自己承担了巨额损失。于是，小李转而把 A 中介公司起诉至法院，要求赔偿其损失。

法院经审理后认定：A 中介公司促成了小李和小张的交易，已经履行了中介服务合同的约定，而缴纳税费是公民在房屋交易中应承担的法定义务，小李提交的证据不能证明其诉讼请求的合理性，依法不予支持。

这之后，小李又把为他置换小两居提供服务的 B 中介公司起诉至法院，小李认为 B 中介公司明知他名下唯一的住房正在出售，应当等他的房子卖出去并享受"满五唯一"的税收优惠后，再让他另行购买房屋，但 B 中介公司不仅没有这么做，反而多次催促要求尽快交易，致使小李想要购买的房屋先完成过户，自己名下的房产数量从一套变为两套，不再符合"满五唯一"的条件，最终无法减免个人所得税。小李指出，B 中介公司对他连续进行交易的行为没有充分提示税费风险，导致他最终遭受了巨大损失。

对这次纠纷，法院经审理后认为：小李为售房所签订的房屋买卖合同中明确约定出售的房屋不属于"满五唯一"，即小李并不符合免除个税的情形，本案的 B 中介公司仅对小李的购房行为提供中介服务，现小李因售房行为承担了个税，却要求对购房行为提供交易的 B 中介公司进行赔偿，小李的主张没有事实及法律依据，本院不予支持。

前后历经三次诉讼，维权之路也没能"柳暗花明"，最终都落得败诉下场，小李只觉得身心俱疲。

案例三

"卖一买一"可享退税，税费承担约定清

2023 年 3 月，小张与小李签订了房屋买卖合同，购买小李名下的一套房屋。合同约定房屋成交价为 1060000 元，交易所产生的税费全部由小张承担。

合同签署后，双方正常履约。小张按照合同的要求和经纪人小王的指引，缴纳了各项交易税费，其中，个人所得税款为 10600 元。小张缴纳税款后，税务机关出具的税收完税证明显示：纳税人小李，财产

转让所得个人所得税 10600 元。缴税完成后，双方顺利办理了过户。

交房 3 个月以后，小张突然联系小王，向小王打听居民换购住房的退税政策。小王有些纳闷儿：小张不是刚买了房子吗，难道又要换房？但他没多问，只是通过微信告诉小张"卖一买一"退税优惠的享受条件。根据政策规定，需要业主已经出售自有住房，并且在现有住房出售后 1 年内，又重新购买了住房，方能享受个税的退税优惠。

小张得到小王的答复后，微信告诉小王："我在微信朋友圈里看到小李在上个月又买了房子。小李卖旧买新的时间前后间隔不到一年，他应该符合政策规定的退税条件；当初我买小李的房子时，相应的个税全部是由我承担的，现在，小李既然能享受优惠政策，国家会把 10600 元个税款全部退给他，那他收到这些退税，理应把这些钱再退还给我……说到底，我才是实际缴纳这些个税的人。"最后，他要求小王把他的诉求转告小李。

小王听后虽然感觉莫名其妙，还是如实转达给了小李。小李觉得房子已经过户，他和小张之间的交易也已经完结，小张的要求毫无依据，自己没有任何义务把钱退给小张，于是断然拒绝了小张的要求。

小张闻悉后，将小李和中介方告上法庭。他向法院请求：由小李偿还他垫付的个人所得税款 10600 元，并要求中介方对此承担连带责任。庭审中，小张理直气壮地向法官表示，税费的钱既然是他出的，税务机关现在要退，也应该退还给他这个出钱的人才对。

法官经过仔细审理后认定：

1. 税收征管的相关法律法规虽然对向谁征税作了强制性规定，但实际交易中具体由谁来承担税款，法律并没有禁止性规定，当事人可以自行协商。实际上，小张是在综合考虑房价的基础上，自愿承担全部税费的，合同中关于税费承担的约定有效，小张应当遵守。

2. 小李退税的结果是基于"卖一买一"前后两个行为，而不仅仅是小李向小张售房的单笔交易。小李另行购买房产的事实发生在双方签署房屋买卖合同之后，小李与小张的房屋交易早已结束，小张没有权利要求小李把获得的退税返还给他。

综上，法院没有支持小张的退税主张，驳回了小张的全部诉讼请求。

风险提示

小李和小张因为税费问题产生纠纷，给卖（买）房过程平添了波澜，也让自己不愉快，实在令人唏嘘。这充分说明税费问题无小事，如果不了解税费政策和税费核定的影响因素，可能导致额外的交易成本，甚至引发争议。在这里，小贝建议广大消费者，务必做到：

1. 签约前充分了解税费政策。房屋交易涉及的税项较多（如契税、个人所得税、增值税等），税费金额的计算方式也较为复杂（交易房屋的价格、房屋的取得方式、购买方的个人情况、出售方对房屋的持有时间等都可能对具体的税费金额产生影响），建议买卖双方在委托中介方售房/买房时，提前向中介方进行咨询，并如实向中介方披露可能影响税费的各项信息。

作为出售方，应当如实告知房屋的实际状况和取得方式，如交易房屋购买时间是否已经满二年、是否为房屋所在的省/自治区/直辖市范围内家庭名下唯一住房，是通过买卖、赠与还是继承取得等；作为购买方，也应全面告知自己的婚姻状况等个人情况。只有全面了解了这些信息，中介方才能更好地提供税费相关的咨询意见。

此外，须注意，在交易过程中，税费政策（包括税收减免优惠政策）可能不时调整，影响税费金额的各项因素也可能发生变化，交易双方对此应有预期，各项税费的具体金额应以税务主管机关最终核定为准。

2. 在合同中明确税费的承担方式。二手房交易中，税费具体由谁承担，买卖双方可以自主协商。据此，建议交易双方在房屋买卖合同中，明确交易税费的种类、范围、具体承担方、履行期限以及违约责任等内容，做到有据可依。

3. 合理安排连环单[①]的税费问题。对于连环单，出售方如果希望能享受税收优惠，则须注意在交易房屋过户后再另行购买其他房屋。此外，如涉及退税优惠，如果双方期望做出特别安排，建议在签订房屋买卖合同时明确进行约定（或及时签署相应补充条款/协议）。

---

① 连环单，又称"卖一买一"，是指在同一时期内，购房家庭先出售名下住房，再购买住房的连续交易行为。

专题十八

连环交易要谨慎，环环相扣风险高

在房地产市场中，连环单是一种较为复杂但又很常见的房产交易形式。它是指购买方在购买现有房产的同时，又作为出售方出售另一处房产，两笔交易相互关联，形成一个前后相接的链条，俗称"卖一买一"。这种交易形式涉及多个买卖双方，能够有效整合资源，促进市场流动，实现多方共赢，但因前后至少串联了两个房屋交易，环环相扣，因此对买卖双方的资金安排、时间协调以及信息透明度等都提出了更高的要求。

本专题希望通过以下案例，提示买卖双方连环单的风险，提升消费者的风险意识，避免被连环单"套牢"。

案例一

高估卖房时效，连环交易翻车

2022年10月，小张看上了小李在市区的学区房，下定决心要买下来，以备过两年孩子上小学用。两人在中介方经纪人小刘的撮合下，坐到一起洽谈签约事宜。过程中，小张提到自己在郊区的房子还没有卖掉，只有卖掉房子才能付首付款，因此希望能在合同里把首付款的支付时间预留得充裕一些。小刘听罢，劝小张三思，不如等房子卖出去后再谈买房的事，但小张却说近期来看他房子的人很多，其中有个客户表示愿意买房，他和客户也已经谈过一次，定金合同都已经签了，应该问题不大。他很中意小李的房子，希望能先定下来。

小李也表示可以将小张支付首付款的时间预留得更充分一些，但为防止小张卖房的情况影响他们的交易，必须在合同中写明：本单为连环单，双方共同确认本合同不受小张另一单房屋交易的影响，同时，小张承诺不以另一单房屋交易的履约情况为由拒绝履行本合同。小张心想自己的客户已经交了定金，毁约的可能性不大，只要客户那边不反悔，自己肯定不会违约，便欣然同意了。

签约之后，小张向小李支付了20000元定金，同时，小张也催促自己的客户尽快和自己见面，共同签署正式的房屋买卖合同。可没过多久，答应买小张房子的客户突然告知小张自己无法继续购房了，原来，那个客户本身也是"卖一买一"的连环单，需要等自己的房子卖出去了才有钱购买小张的房子，但客户卖房的对象临时说不买了，造成客户的资金缺口，使得客户实在无力购买小张的房子。

小张听后慌了神，没想到怕什么来什么，自己竟然被毁约了。

小张一边和客户协商赔偿，一边找到小刘，火急火燎地请小刘帮他把房赶紧卖出去，并且售价不能低于1380000元，否则他没办法凑够给小李的首付款。小刘听后赶紧行动起来，短时间内就为小张找到了好几名对房子有兴趣的购买方。但房屋哪像小商品一样说卖就能卖出去？由于当时的二手房价格一直在波动下降，大部分意向购买方持观望的态度，成交价一直谈不拢，一时间还真找不到愿意出价1380000元买房的人。

一转眼，到了约定的支付首付款的最后期限，小张傻眼了，房子始终没有卖出去，自己根本拿不出钱支付小李的首付款。此时的小张还心存一丝希望：说不定等一等，房子很快就卖出去了呢！他联系小李请求延长付款时限，希望小李能再宽限他一阵，小李没有回复。

小张焦急地等待着小李的反馈，没想到，等来的竟是法院的传票。原来，小李没有收到首付款，直接把小张告上了法院。

法院经审理认为，小张没有按照合同约定的时间支付首付款，已经构成违约，应当承担违约责任；现由于小张自有的房屋没有卖出去，导致资金短缺，无力购房，合同无法继续履行，法院支持合同解除。法院同时判决，小张已支付的定金不予退还。

小张万万没想到，"卖一买一"的房产置换之路竟是如此牵一发而动全身，远比他预想得更为复杂。他在自己的房子还没有卖出去的情况下，便预先锁定了新房子，这无疑是自己亲手为风险敞开了大门。最后因为高估了卖房的时效，原有的房子没有顺利脱手、想买的学区房也擦肩而过。更糟糕的是，还因此吃了官司，让定金付之东流，这个惨痛的教训让小张深陷自责与懊悔之中。

案例二

连环交易履约周期长，出售方要求解约反被判违约

小李准备卖房，在中介方经纪人小王的帮助下，成功匹配了意向买家小张。小张告诉经纪人小王，自己名下还有一套房屋，现在已经

卖出去了，并签了房屋买卖合同，目前处于办理解除抵押的环节，还没完成过户。小王将该情况如实告知了小李，并提示小李，小张的情况可能影响到小李的售房进度。小李觉得没什么大问题，毕竟房子都卖出去了，办理手续应该也不会用太长的时间。

于是，2020年5月3日，小李和小张签订了房屋买卖合同，合同约定：贷款申请经贷款机构审批通过且符合过户条件后，双方须在收到中介通知后3个工作日内办理过户手续。

签约后，小李和小张办理了贷款申请手续。2020年5月23日，小王告知两人贷款审批已通过，等小张的另一套房屋过户后，小李的房子就可以过户给小张了；小李觉得最多再有两三天，应该就可以完成过户了，因此没有提出任何异议。

但这一等就过了半个多月，其间小李通过经纪人小王催促了小张多次，得到的答复都是小张的房子还没完成过户。直到2020年6月12日，小王一早就联系到小李，小李以为终于可以办理过户了，没想到小王告知小李，小张那边过户是已经完成了，但小张还没凑够房款，要6月20日才能办理过户。

小李一听着急了，这个时间早就超出了自己的心理预期，自然是不同意，表示最晚6月15日过户，否则这房就不卖了。

小王安抚了小李的情绪后，赶紧把这件事告诉了小张，并通知二人6月15日上午办理过户。小王劝说小张尽快筹钱，小张也担心这桩交易不能成，于是连夜筹钱，终于在14日晚凑够了所有房款，表示可以6月15日过户。然而，小李回复，双方应在5月24日（小张贷款审批通过后的次日）起3个工作日内办理过户，现在已经超出约定的时间，自己提出终止合同，拒绝过户。小张觉得很委屈，为了买这套房子，自己又是卖房又是到处借钱，费了好大的力气，一直都在积极履约，小李怎么能说不卖就不卖了呢？

于是，小张向小李邮寄了催告履行过户手续的函件，要求小李尽快办理过户。小李表示，自己已经向法院提起了诉讼，贷款审批通过后已达到办理过户的条件，但小张在3个工作日内未办理过户，且自己之前多次催促小张办理过户手续，小张一直以各种理由进行拖延，已构成违约；小张因为这些违约行为已经失去了自己的信任，自己有权解约。

得知这个消息，小张二话不说提起了反诉，他认为违约的明明是小李。合同约定的过户时间是贷款审批通过且符合过户条件，并收到中介方通知后的3个工作日内；但在2020年6月14日之前，中介方并未通知办理过户手续。2020年6月14日，中介方通过微信通知双方于6月15日上午办理过户手续，自己在6月14日晚回复同意次日办理过户，并准备好了全部的房款，故，自己无违约行为。相反小李无故拒绝履约、要求解约的行为违反了合同约定。小张要求解除合同，小李双倍退还定金。

法院经审理认为：综合全案来看，小李对于小张存在房屋连环买卖的事实是明知的，应该对过户的时间存有一定预期。小李提出6月15日过户，中介方通知过户时间时，小张同意，小张的行为并无违约；在小张与中介方均积极配合办理房屋过户手续的情况下，小李提出终止交易的要求，且拒绝继续履约，构成了根本性违约。因此，法院判决房屋买卖合同解除，小李双倍退回定金。

小李因对连环单的履约时效预估不足，从起初的乐观等待，到遭遇延误后的焦虑急躁，最终冲动决策，使其忽视合同约定，构成违约，终尝苦果，也为购房者与售房者敲响了需谨慎对待连环单、尊重合同约定的警钟。

风险提示

连环单交易链条较长且环环相扣，履约风险较大，易产生违约、交易中断和购房成本增加等风险。

在这里，小贝建议广大消费者，务必做到：

1. 主动披露：若您正处于连环单交易之中，请务必主动地向出售方、购买方以及中介机构如实披露该情况，确保所有相关方在充分知情的基础上做出交易决策。

2. 充分评估连环单风险：消费者务必深入了解连环单交易的复杂性和不确定性。考虑到每一笔房屋交易涉及多方利益、多个手续环节，如解除抵押、贷款审批、过户等，其中一环出现问题都可能导致交易延迟甚至失败，从而影响自身的资金安排、居住计划。连环单交易的履行时间较长，消费者对交易过程中可能出现的延误或其他问题应有合理的预期；如消费者比较着急置换房产，应当谨慎选择连环单交易。

3. 合同约定合理且明确：如涉及连环单，买卖双方在签订买卖合同时应当为各交易流程预留出充分的时间，并约定明确在合同中。另外还须在合同中明确约定合同的解决方式：如若出售方售房受阻，必然会影响购房交易的履行，在此特殊情况下须在合同中约定解决方式（如无责解约），避免耽误更长的时间，产生更多的损失。

4. 保持信息透明、及时沟通：出售方与购买方应当及时共享交易进展，尤其是及时告知影响交易进程的重要信息，如贷款审批进度、过户手续办理进展等，避免因沟通不畅或信息延误造成误解，甚至导致违约。

5. 不要轻信可以限期售房的承诺：房屋交易时效和价格无人能担保。对任何时效的承诺应保持谨慎态度，避免因过度依赖承诺而忽视其中的履约风险，自尝苦果。

专题十九

买房带车位,你可得看好了!

"买房送车位!"这类广告语,大家是不是觉得耳熟能详?随着社会经济的发展、人们生活水平的提高,汽车逐渐成为现代家庭重要的代步工具,而与房屋共同出售的配套车位也变得越来越重要。在一、二线城市,甚至常常"一位难求",房屋是否附带车位,也成为购房者买房时的一个重要考量因素。

那么,你知道车位有几种类型吗?你知道你买到的是车位的所有权还是使用权呢?你在看房的时候会去实地看一下车位吗?阅读完此专题,想必你会对车位以及车位背后暗含的风险更加了解。

案例一

产权车位无权卖,构成违约赔损失!

小李和配偶小林曾共同购买了一套房屋和位于该小区的一个产权车位[1],但由于开发商的原因,房屋和产权车位都一直未办下产权证。

---

[1] 产权车位,指有独立产权证的车位,可以上市交易。

专题十九　买房带车位，你可得看好了！

2023年，小林不幸去世。小林的继承人，即小李和全部的子女共同办理了房屋继承公证手续，子女们表示放弃对房屋的继承，经公证，房屋归小李所有；但各位继承人似乎都忽视了车位，没有一并针对车位办理继承公证。

2023年7月5日，房屋下本并登记至小李名下。之后，小李找到了某中介公司，准备将房屋出售，希望中介公司能尽快帮自己匹配到合适的买家。

2023年7月23日，小张看上了这套房，准备购买；签约时，小张询问小李房屋是否有车位？是否可以一并出售？小李表示负二层有一个产权车位，是当初随房购买的，需要的话可以把车位和房屋一起卖给小张。于是，小张高兴地与小李签署了房屋买卖合同，合同约定：

交易房屋是小李通过继承取得的，小李将房屋以2390000元的价格出售给小张，该价格包含一个产权车位。

合同签订后，小李和小张积极履约，很快就完成了房屋过户，小李将房屋交付给了小张。没过多久，车位的产权证也可以办理了，车位登记在小李的名下。

然而，到办理车位过户手续的时候，小李却后悔了。小李认为，现在产权车位属于稀罕物，物以稀为贵，如果自己把车位单独出售，说不定可以再赚一大笔钱。因此，小李告诉小张，这个车位也是自己和已故的配偶小林一起买的，还没有进行继承析产，自己还不是车位的产权人，没办法办理车位的过户。

可是，自己钱都已经付了呀？现在说车位不能过户了……莫非小李想要再讹自己一笔钱？小张开启了对小李的电话轰炸，要求小李给自己一个说法，但没想到小李直接把手机关机了，随后便人间蒸发。

小张无奈之下提起诉讼，要求小李过户车位。法院经审理认为，车位确实是小李和小林共同购买的，现小林已经去世，其他继承人未明确表示放弃车位继承权，因此小李没有权利转让车位的所有权，无法过户，因此法院驳回了小张的诉讼请求。

小张不服，委托了律师另行起诉，并改变了诉讼思路：既然过户车位是不可能了，那就赔偿自己的损失吧。

因此，小张提起了第二次诉讼，要求小李赔偿车位的损失。在庭审过程中，小李抗辩称车位本来就是计划赠与小张的，现在车位虽然不能过户，但是，小张实际上也没有任何损失，自己无须赔偿。

法院经审理认为，小张和小李签订的房屋买卖合同约定，该房屋的成交价包含该产权车位，这一条是真实有效的，小张已经支付了全部的房屋价款，小李也应该将车位的所有权转移给小张，并交付车位。现车位交付目的已不能实现，小张有权要求小李承担自己的损失。法院委托了专业的评估机构对车位的价格进行评估，评估价格为97600元。最终法院判决小李赔偿小张车位损失97600元。

案例二

人防车位是什么？我可以使用吗？

2015年11月，小李买了一套新房，购房后通过与开发商签订《人防车位有偿使用协议》的方式，花费 146000 元，获得了一个人防车位①的使用权，该协议约定：小李有权将车位使用权转让给同小区业主，但须告知开发商并通知物业公司办理变更手续。

2020 年，小李委托中介卖房。小李表示，这套房屋配套一个人防车位，如果有购买方需要的话，车位可以一并转让。

2020 年 1 月 6 日，小李和意向购买方小张经中介方的撮合，签订了房屋买卖合同。签约后，小张得知房屋有一个配套车位，表示希望小李能把车位一起卖给自己。因此，小张和小李又签订了关于车位的补充协议，约定：

1. 小李将交易车位转让给小张，车位转让价款 146000 元，于车位交付当日支付；

2. 小李已如实陈述车位权属状况及位置，并向小张提供了与开发商签署的《人防车位有偿使用协议》；

3. 小李在交付房屋时将车位一并交给小张，交付时间不得晚于 2020 年 12 月 31 日；

4. 任何一方违约致使该协议无法履行的，守约方有权单方解除协议，违约方应按车位价的 20% 支付违约金，并承担守约方因此支出的律师费等合理费用。

2020 年 5 月 17 日，小张和小李完成交房，小李提出今天应该交付车位，但是小张表示，因为个人资金周转的问题，目前无力支付车位

---

① 人防车位通常是指在地下人防工程中划定的停车位，这些车位不仅具备停车功能，还承担着战时防空袭、保护人民生命财产安全的重要职责，所有权属于国家。因此，人防车位在法律上和实际使用上都有其特定的规定和限制——所有权不能转让。但国家鼓励平时利用人民防空工程为经济建设和人民生活服务，因此实操中，购房者通常可以通过与物业公司或开发商签订合法的租赁合同，享有人防车位的使用权。

转让款，并明确表示车位不要了。

小李心想，房子我都卖了，留个车位我用也用不了，一时间也卖不掉！这对我来说是很大的损失，小张出尔反尔，必须赔偿我的损失。小李于是向法院提起诉讼，请求法院判决小张支付违约金。

庭审中，小张抗辩：二人约定交易的车位为人防车位，根据法律的规定，人防车位属于国家所有，不可以进行所有权转让；因此二人签署的补充协议违反了法律规定，应当无效；自己不构成违约。

法院经审理认为，小张和小李签署的补充协议虽然没有明确约定车位转让的是"所有权"还是"使用权"，但是补充协议的来源是《人防车位有偿使用协议》，以此推定转让的是"使用权"。另外，国家鼓励社会资金参与人防工程开发投入的同时亦允许人防工程为人民生活服务，因此补充协议合法有效。小张拒不履行补充协议，构成违约。最终法院酌定小张承担违约金14600元及律师费6000元。

小张对判决不服，提起上诉，要求撤销一审判决，被二审法院驳回，维持原判。

案例三

永久使用权的车位真的存在吗？

2016年3月，小李和小张经中介方经纪人小王撮合，签订了房屋买卖合同；签约时，小李告诉小张，房子还配套一个使用权车位，车位的产权人是物业公司，但是物业公司把车位出租给了业主使用，车位的使用权是永久的，车位的使用权可以一起转移给小张；小张觉得买房子送车位这笔买卖十分划算，二人在房屋买卖合同里约定：

专题十九　买房带车位，你可得看好了！

房屋成交价 1650000 元，包含一个车位的永久使用权，小李须在交房当日协助小张办理完毕车位更名手续，若出现任何问题由小李担责。

2016 年 4 月，小李和小张完成了交易，小李顺利把房屋交付给了小张，同时二人来到物业公司，把车位承租人的姓名更改为小张。

在这之后的两年时间，小张都正常使用着车位，没有出现过任何问题。

然而，2018 年的某一天，物业公司的人突然给小张打了个电话，表示公司准备收回小张目前正在使用的车位，小张不能继续使用了。

小张傻眼了，这下自己把车停在哪呢？小张尝试与物业公司沟通，但物业公司态度坚决，表示自己是车位产权的所有人，有权决定是否收回车位以及何时收回车位。见状，小张想到买房时和小李签订的房屋买卖合同里约定，车位有任何问题小李全权负责，于是小张联系到了小李，要求小李解决问题。

小李蒙了，房子都卖出去两年了，自己还得负责售后？难道自己要负责一辈子吗？况且，这个车位只是一个租赁车位，车位承租人的更名手续早就已经完成了，现在车位的承租人是小张，物业公司收回车位没有任何问题，这件事情早就与自己没关系了。于是，小李态度强硬地拒绝了小张的要求。

见物业公司和小李都拒绝解决自己的问题，小张便直接将小李诉至法院，请求法院判决小李返还车位款。

庭审过程中，小张认为房屋买卖合同合法有效，合同中明确约定了房屋成交价包含地下车位的永久使用权，现在车位使用权被物业公司收回导致自己无法永久使用车位，应视为小李未按合同约定交付车位。

法院经审理认为，双方签订的买卖合同中写的"永久使用权"只是一个日常用语，不是一个法律概念，本案所称的永久使用权只能是一个较长期的承租权，是可以向车位出租人变更承租人以继续承租车位的权利；对承租权的确认需经车位产权人（物业公司）的认可，产权人有出租与不出租的权利，有出租时间长与短的自由，其他人无权干涉。

至于小李交付车位是否符合约定，业主配合客户在小区物业公司办理车位使用权的更名手续后，小李的合同义务就已经履行完毕；至于小张对地下车位还能承租多久、使用多久，不取决于业主意愿，而取决于客户与产权人物业公司的合意。

因此，法院驳回了小张的诉讼请求。

小张的故事告诉我们，关于车位的合同条款须写清楚，车位权益要搞明白，各方责任要确定好，不然容易引起纠纷从而吃亏。

案例四

不看车位就付款，停不下车怎么办？

2015年5月，小张喜提梦中情车：一辆威风凛凛的大型越野车！作为户外爱好者的小张终于可以开着爱车肆意地探索天地了！

小张盘算着，要给这辆车买个大一点的车位才行。于是小张找到了中介方经纪人小王，希望小王能够帮自己找一个合适的产权车位。经过一番寻找，小王在小张目前居住的小区找到了几个车位，小张实地查看过车位后，目光锁定其中一个车位，准备买下。

专题十九　买房带车位，你可得看好了！

几天后，小张和车位的产权人小李坐到了一起，准备就该车位签订买卖合同。签约之前，小王提出，小张刚买了一辆体积比较大的越野车，希望小李能够提供停车卡给小张，让小张先试用一下，看看是不是合心意。但小李觉得实在是太麻烦了，这一试就得耽误好一阵子，一个普通车位而已，大小都差不多，只要不是卡车都能停进去，于是婉拒了小王的建议，表示停车肯定没问题，签约之后就把停车卡给小张。于是小张和小李签订了车位买卖合同，合同中写明车位面积为24.87平方米。

签约后，小张收到了停车卡，开心地来到车位准备试停。这一试不要紧，小张发现自己的爱车竟然无法停进车位，而且停车过程中车尾撞到了车位后方的柱子，导致车辆受损。

小张当即表示这个车位不要了，但是合同都签了，可不是说不买就能不买的，小李自然不会同意。为了证明自己的车位没有任何问题，小李让自己的儿子试停一下小张的车，发现只要小心一点慢慢停，车还是可以顺利停进车位的。尽管如此，小张还是十分不满，于是在车位正常过户后，将中介方诉至法院，认为中介方故意隐瞒车位并非标准车位，存在欺诈，要求判决中介方退还中介费，赔付自己的车辆修理费。

收到传票的经纪人小王不明所以，为了帮助小张买到合适的车位，自己带小张前后看了好几个车位。要知道，这个小区的产权车位可是十分稀缺，能买到不易；而且，不看车位就签合同，这明明是小张自己的选择，怎么成了自己的错？再者，小张的车明明是可以停进车位的！

法院经审理认为：

1. 在购买车位前，中介方带小张实地查看了交易车位，小张已直观了解了车位大小；合同中也已写明车位的大小；小张作为车主，在亲自查看车位后，应当对该车位能否满足自己的停车需求作出合理判断。

2. 因法律法规对"标准车位"并无明确界定，小张在委托中介方介绍车位时，也未告知其所需的"标准车位"具体是何尺寸，故小张诉称中介方故意隐瞒交易车位非"标准车位"，理由不成立。

3. 小张提出试停要求是在签合同前，在小李拒绝试停的情况下，小张完全可以选择不签订合同。小张未进行试停便签订合同，应当视为小张放弃试停的权利，并不能以此说明中介方存在故意隐瞒行为。

因此，判决驳回了小张的全部诉讼请求。

案例五

车位作价"0元"？用不了可就糟了！

2023年2月7日，小李和小张经过中介方经纪人小王的撮合，成功签订了房屋买卖合同，该房屋包含一个使用权车位，二人在合同中约定：

房屋转让价1820000元，此转让价款包含一个地下车位的使用权，双方协商一致后，车位作价0元；双方应于2023年3月12日之前办理车位使用权变更手续。

签约前，经纪人小王提出，希望看一下小李享有车位使用权的相关证明或之前的车位购买协议，小李表示自己买了这房子有十几年了，时间太久远，协议早就找不到了。听到小李这么说，小王立刻警觉起来，坚持要给物业公司打电话核实一下，于是现场拨通了物业公司的电话。经核实，小李确实拥有交易车位的使用权。小王这才放下心来，协助小李和小张签约。

2023年2月15日，房屋正常完成过户。

过户完成后，小张要求小李交付车位，小李却支支吾吾，拖了好几天。小张觉得事情有些不对，于是直接联系物业公司，出示了房屋买卖合同，表示要办理车位使用权的更名手续。物业公司却告知小张，该车位使用权已经在两天前被小李转让给了其他人，正是小李带着人来办的手续，听说小李卖了75000元。

小张顿时火冒三丈，心想这买房带车位可是自己看重的一大亮点，小李不是不知道，怎么能见利忘义，轻易又把车位转卖他人？小李也太不讲信用了！于是直接向法院起诉了小李，要求小李赔偿车位款75000元，并支付房屋转让价20%的违约金364000元。

诉讼过程中，小李表示，自己在这个小区有两个车位，可以把另一个车位给小张使用，小张不会有任何损失；而且房屋买卖合同约定车位作价0元，也就是说车位是自己赠送给小张使用的，小张没有损失，无权主张车位价款，自己不存在违约情形。

小李的另一个车位远在小区的另一边，小张自然不愿意接受小李提供的替代车位，坚持要法院还自己一个公道。

法院经审理认为，双方对于车位使用权的转让价格虽然约定为0元，但车位使用权是双方房屋买卖交易中的一部分，车位使用权具有财产性质，是有价的，在正常买卖关系中取得车位使用权不可能是无偿的，所以 0 元并非双方真正的意思。现小李未按照合同约定交付对应车位使用权，未能完全履行合同义务，构成违约。经法院调查，交易车位的使用权已以 75000 元的价格转让给案外人，转让价符合市场行情，故，小张主张车位价款 75000 元合理；小李已完成交付房屋这一主要合同义务，未交付车位使用权虽构成违约，但未构成根本违约；双方在合同中约定车位使用权作价 0 元，属于约定不明，小张对此约定不明亦存在过错，小张主张的违约金明显过重，法院酌定小李按照车位价款的 20% 支付违约金。

最终，法院判决小李向小张支付车位价款 75000 元，并支付违约金 15000 元。

风险提示

在这里，小贝向广大消费者提出以下建议。

1. 产权车位先弄清，实地考察不能省

出售方在出售车位时，应当先确保对所售车位拥有合法处置权，如案例一中，小李因未完成车位继承手续便出售，导致无法过户，被判赔偿。所以出售方在出售车位之前，一定要把产权问题处理好。

购买方在签约前，一定要实地查看车位的情况，查看车位所在的具体位置方不方便自己进出小区，车位大小够不够自己停车，如果能试停一下更好，考察清楚了再决定是否购买。

2. 合同条款写详细，避免纠纷心不慌

买卖双方在签署房屋买卖合同时，一定要清楚地把车位的情况写明白：是产权车位还是人防车位？车位在哪？作价多少？都要写清楚。

合同里条款的表述一定要用词准确且严谨，把自己的权益范围和使用期限都规定好，像"永久使用权""作价0元"这种表述，看着挺好，其实经不起推敲，到时候出了问题说不清，不利于保护自己的权益。

3. 合同签署须遵守，违约担责不划算

合同一经签署，买卖双方就应当遵守合同约定，按时支付款项，按时交接车位，不可随意违约。

专题二十

不可告人的"凶宅"

"凶宅"通常是指发生过非正常死亡事件的房屋，这些事件可能包括自杀、凶杀等。这些"恐怖"事件的发生使得房屋被认为是不吉利的，不适合居住，因此被称为"凶宅"。

"凶宅"并非法律上的概念，而是日常生活中人们追求喜庆吉祥、忌讳死亡和趋利避害心理而演化的产物。由于人们内心的忌惮，即便该类房屋售价低廉，但也让众多购房者避之不及。为了尽快出手房屋，许多出售方往往选择隐瞒。在众多房屋买卖纠纷案件里，就有一类是关于"凶宅"。

本专题希望通过以下案例，为读者揭示"凶宅"之谜。

案例一

正常的生老病死，房子算"凶宅"吗？

2023年4月6日，小张通过某社交媒体，看中了一套较为满意的小户型二手房。在仔细查看了房屋情况之后，小张认为该房屋完美适配自己的居住需求，于是决定购买。看房时，小张告诉出售方小李，自己要买的房子一定不能发生过死人的事情，否则房子硬性条件再好，自己也是不会买的；小李明确告知：自自己买了这个房子，就从来没有发生过这种情况。在得到小李肯定的答复后，小张便决定买下这个房子。

2023年3月29日，小张和小李签署了房屋买卖合同，合同里明确约定：

小李承诺，该房屋在其本人持有期间，在房屋本体结构内未发生过非正常死亡事件（包括但不限于自杀、他杀等）；如果小李隐瞒真实情况的，小张有权撤销房屋买卖合同。

签约后，小张于2023年4月6日付清了全部购房款，交易房屋于当日过户至小张名下。不久后，小张就入住了新房。在传统文化中，乔迁被视为一件大事，代表着家庭的新开始、新生活和新希望，不仅仅是从一个住所搬到另一个住所那么简单，搬到新家的小张深深体会到"乔迁之喜"的含义。但是，后面发生的种种事情却让小张再也开心不起来。

在刚搬来的这段时间里，不论是庆贺的邻里还是在电梯里同乘的住户，在得知小张所居住的具体房屋后，眼神中总会透露出一丝的不自然，这细微的神态被向来比较注重细节的小张所察觉，并感到困扰。日复一日，仿佛楼里的住户都不怎么愿意和小张搭话，直到某日，小张不经意间在电梯里听说，自己住的那一层死过人，而且正是小张买的那套房。

听到这里，小张如同丢了魂一样呆立在电梯之中，直到电梯到达，小张也迈不出脚，新买的房子在此刻变得阴森恐怖，小张对美好未来的期许在此刻悄然破灭。

经过小张的多方打听，确定该房屋最开始的业主为小吴，小吴的奶奶在这个房屋中寿终正寝。虽然不是非正常死亡事件，但每想到这件事，小张都夜不能寐，久而久之，小张失眠严重，精神压力巨大，严重影响了正常工作和生活。

最终小张选择通过法律手段解决此事，遂在当年8月将小李诉至法院，认为房屋曾发生过死亡事件，严重影响了自己的精神状态，房屋的居住目的已经无法实现，要求法院判决解除房屋买卖合同，小李退还购房款460000元，并退还相应税费、过户损失、律师费用共计80000余元。

经法院审理查明，该房屋确实曾在前业主小吴持有期间，发生过正常的死亡事件；小李购买该房屋时，对该房屋曾经有人过世的情况并不知情。在小李和小张签订的房屋买卖合同中，小李仅承诺在其持有期间房屋内未发生过非正常死亡事件，并未承诺房屋自始至终没有发生过死亡事件。因此，小李并不存在欺诈或其他违约行为，小张以房屋内曾有人去世为由要求解除双方之间的房屋买卖合同，是不合理的。

因此，一审法院驳回了小张全部诉请。

小张对一审判决不服，遂上诉，二审中，小张主张自己是基于重大误解购买的房屋，买卖合同应当撤销。

二审法院经审理认为，小张购买房屋的合同目的系自行居住，现因房屋内曾有老人去世，导致小张对该房屋产生嫌恶及恐惧，造成心理及精神上的不适；小张称其现在无法居住在该房屋，法院予以采信；小张基于对房屋的错误认识，与小李签订了房屋买卖合同，造成了小张无法在房屋内居住的重大损失，符合重大误解的情形，小张有权请求撤销合同。小张自述，自己在 2023 年 4 月就已经知道了房屋曾发生死亡事件的事实，但并未在法律规定的期间内提起诉讼行使其撤销权[①]，现小张已无权要求撤销房屋买卖合同。因此，二审法院维持原判。

本案历经一年之久，小张不仅没有买到心仪的房产，还付出了巨大的时间成本和诉讼成本。对小张来讲，因房屋存在人员死亡情况导致的房屋价格折损也是一笔重大的损失，更别说小张自己的精神损失了。

案例二

"凶宅"不告知，卖房时沉默，需要付出代价

2021 年 7 月 14 日，小张经某中介公司经纪人小王介绍，看上了一套二手房。因为相较于同小区的类似房屋而言，该房屋价格较低，性价比非常高；加之因小张的丈夫于不久前在原住宅中过世，小张一时无法接受，对死亡有避讳，想尽快换一个住处，因此小张的购买意向比较强烈。

签约前，小张明确说明：房子里一定不能发生过任何死亡事件，不然自己就不买了。对此，小李信誓旦旦地承诺，房子是"干净"的，没有发生过任何不吉利的事情。听到小李的承诺，小张放心了，二人签署了房屋买卖合同，合同中约定：

---

① 《民法典》第一百五十二条第一款第一项规定，当事人自知道或者应当知道撤销事由之日起一年内、重大误解的当事人自知道或者应当知道撤销事由之日起九十日内没有行使撤销权。

> 安家： 99 个故事教您买卖二手房

小李确认，该房屋在其持有期间，在本体结构内未发生过非正常死亡事件；如果小李在签约前就前述事项隐瞒真实情况的，小张有权要求撤销合同；小李另应承担如下责任：1. 返还全部房款；2. 赔偿小张因此所受的损失。

签约之后，二人正常履约，交易很快就完成了，小张成为房子的新主人。然而，在交易完成后，令小张意想不到的事情发生了。

小张的好友小美居住在同小区多年，小张在乔迁之日宴请好友时，小美也前来贺喜。但小美在前往小张新居的路上，越走越觉得不对劲，她发现小张新买的房很有可能为小区传说中的"凶宅"，于是赶忙告诉了小张此事。小张听闻后大惊失色，立刻找到经纪人小王沟通，小王表示小李确实明确否认了房屋内发生过非自然死亡事件，并明确表示会对该事调查到底，将真实情况查清，及时反馈给小张。

小张表示，如该房屋真如好友所说为"凶宅"，自己无论如何都无法接受，要采取一切措施维护自身的权益。

小王看小张态度如此决绝，在当日就紧急联系到了小李，经过沟通，真相渐渐浮出水面。

原来，小张购买的这套房子在 20 多年前确实有一位装修工人在厨房施工时意外死亡，但因事发年代较为久远，小李也并不知道该工人是因为什么去世的，只知道是当时的包工头负责善后处理了该事。小李说自己购买该套房屋后，一直居住在这套房屋内，全家也是一直平平安安、顺顺当当，且事情都过去这么多年了，房子自然不属于"凶宅"，所以在中介方询问的时候并没有告知。

随后，小张于 2021 年 9 月将小李诉至法院，主张小李故意隐瞒工人装修时非正常死亡这一重要事实，并在自己询问时表示否认，已构成欺诈，自己有权申请法院撤销双方签订的房屋买卖合同；小李是过错方，应返还自己购房款，并赔偿自己的损失。小李辩称：当时误解了非正常死亡的概念，以为只包括他杀和自杀，听其他装修工人说有个工人在装修过程中意外死亡，已经是2001年的事情，当时自己还没有入住，事情已经过去很久了，所以也忘了告诉小张。

法院经审理认定：小李在房屋买卖合同中承诺房屋内并没有发生过非正常死亡事件，但是，小李实际知晓房屋内曾经发生装修工人意外身亡的事件，这一事件足以影响小张作出是否购房的决定，小李有义务向小张披露这一信息；小李未如实披露，其行为构成欺诈。依据法律相关规定，因小李存在欺诈行为致使小张作出购房的决策，小张和小李签订的房屋买卖合同可撤销。

因此，法院判决撤销房屋买卖合同。同时判决小李赔偿小张的税费、律师费、案件受理费损失共计141649元。

回看本案，小李在审理环节对房屋发生的非正常死亡事件自认确有隐瞒，且明确说明了事情的缘由以及自身隐瞒的原因，这让事情变得清晰易查，只不过这是一份迟到的坦白。小张花费了大量的时间和精力，小李也承担了本可以避免的责任，交易各方都付出了沉重代价。

案例三

认为自己买到了"凶宅"，但怎么退不了呢？

2022年10月，准备买房的小张经朋友介绍，认识了正巧在卖房的小李。小李多年未曾在房屋中居住，该房屋一直处于出租的状态。

小张实地看过房屋后，决定购买。双方在房屋买卖合同中约定：

小李确认，该房屋在其持有期间，在本体结构内未发生过非正常死亡事件；如果小李在签约前就前述事项隐瞒真实情况的，小张有权要求撤销合同；小李另应承担如下责任：1. 返还全部房款；2. 赔偿小张因此所受的损失。

签约后，双方正常履约，不久后小张就顺利入住新房。

但是，某日在小区的闲聊却让小张后脊发凉，小张通过邻居得知自己购买的房屋内曾有人租住，但在当年租约到期之前的一个月，同住的老人因病猝死了，老人猝死后，那家租户也很快就搬离了。小张一时间不能接受，于是找到物业公司核实此事。

物业公司表示，确实有听说房屋内曾有老人去世，死亡原因并不清楚，只是知道有120过来急救，但是并未成功救治。

小张立刻找到小李对质，小李听闻此事也愣住了，这么大的事自己竟然完全不知情！小张要求解约，要求小李返还所有购房款，但小李冷静下来之后认为，生老病死是自然规律，房子内并未发生过非正常死亡事件，自己也没有刻意隐瞒实情，于是断然拒绝了小张的要求。

故，小张将小李诉至法院，诉请撤销房屋买卖合同，并要求小李退还房款、赔偿自己的一切损失。

在审理过程中，法院向社区卫生服务中心了解相关情况，该中心出具一份《急救情况说明》，载明：2022年2月9日，中心接到120指挥中心调度指令后，出车至交易房屋，发现患者杨某某已经昏迷，无心跳呼吸，被诊断为：心源性猝死；医护人员抢救无效，半小时后宣告患者临床死亡。

结合社区卫生服务中心做出的情况说明，法院认为，死者系因病去世，并非一般意义上的非正常死亡。因此，该死亡事件的发生并不影响房屋的正常使用。最终，法院驳回了小张的全部诉讼请求。

小张看着自己的房子，脑海里浮现的全是老人在房子里病危抢救的情景，终日担忧的小张郁郁寡欢，无法安心继续居住。小张现在只想着尽快将这套房子转卖出去，多低的价格都可以接受……

风险提示

对部分购房者而言，房屋内是否发生过死亡事件会严重影响他们的购房意愿，但也有些购房者不甚在意。因此，小贝建议：

1. 若购买方对此类情况十分看重，应在作出购房决定前对房屋情况进行充分了解，审慎核实房屋内是否发生过死亡事件（特别是出售方急于出售或低价出售的），包括向出售方询问、走访邻居及物业核实等。

2. 建议买卖双方谨慎签约，不论房屋内是否发生过非正常死亡事件还是正常死亡事件，死亡事件是发生于房屋主体结构内还是非主体结构内，均应约定于房屋买卖合同中，以免后期产生纠纷。

3. 如果交易房屋内确实发生过相关事件，出售方应在签订房屋买卖合同前主动将房屋的情况如实披露，不可有任何隐瞒，避免误人误己。

专题二十一
学位核实需到位，孩子入学更顺利

在我国，住房不仅是居住权、生存权等基本权利的物理寄托，更是与户籍紧密相连，关联着教育等无形资源。购买学区房，往往意味着子女可以获得更优质的教育机会，这对孩子学业成绩的提升和未来的发展有着积极的助力。正因如此，很多家长为使孩子不输在教育的起跑线上，不惜花费重金购置学区房。然而，购买学区房的过程实际上暗藏隐患，这些隐患使得学位并不稳定，如入学规则变化、学位被占用、"山寨"学区房等。

因此，消费者在选择购买学区房时，务必对房屋信息全面了解，仔细核实学校、学位等信息，在充分评估风险后再作出选择；同时房屋买卖合同中应当明确自己的交易需求，以最大限度地维护自身权益。

案例一

前手业主占学位，核对不慎追悔莫及

小张为了给孩子提供更好的教育资源与学习环境，准备斥资买一套市重点小学——光明小学附近的学区房。2020年8月，小张联系到

学校附近的某中介公司，希望中介方能为自己找一套合适的房子。

不久后，经纪人小王找到了一套合适的房子：这套房子正是光明小学对口的房源，离学校直线距离不到1公里。这套房子的出售方小李由于工作变动，正着急卖房。

小王把这套房子推荐给了小张，小张询问小王房子的学位是否被占用，小王表示：房子的现业主小李未婚、未生育子女、未领养子女，小李当初购房时仅仅是为了上班方便居住，学位肯定没有被占用。于是小张放下心来，看了几次房之后，决定买下这套房子。

2021年1月25日，小李与小张签订了房屋买卖合同，签约时，小张再次询问小李学位有没有被占用，小李表示自己未婚未育，学位肯定没有被占用。于是，小张以1756000元的价格买下交易房屋，二人在房屋买卖合同中约定：

小李承诺该学区学位未曾给任何适龄儿童使用过。

双方签约后，小张按照合同约定，全额支付了购房款；2021年4月10日，小张和小李办理了过户手续，房屋过户至小张名下，小张一家顺利入住。

2022年5月13日，小张在为孩子报名入学光明小学时，竟被告知无法报名！小张看着电脑提示页面显示的"该房产学位已被使用"，愣在了原地。

于是，小张立即向小李及中介方核实，而小李一口咬定学位不可能被占用，经纪人小王也表示签约前曾查询小李的户口本，并没有学龄儿童在户。小张突然想到，既然小李没有占用学位，那有没有可能是小李的前任业主占用了学位呢？小张提出了自己的猜测，而小李表示，知道小张是为了学位才买的这套房子，所以自己早就打电话问过前任业主小马，小马说没有用过学位。在小张的坚持下，小李再次给前任业主小马打电话确认，这次，小马在电话中承认，自己家的孩子占用了房子的学位，一直在光明小学读书。

这个消息令小张不知所措。此时，学校报名的截止时间马上就要到了，小张特意购买了学区房，却根本无法给孩子报名。于是，小张将小李诉至法院，认为：小李没有如实告知自己学位占用情况，存在欺诈，自己的购房目的无法实现，遭受了巨大损失；要求小李支付违约金。

法院经审理认为，小张和小李签订的房屋买卖合同中明确载明"小李承诺该学区学位未曾给任何适龄儿童使用过"，可见房屋是否具备学位、学位是否可以使用等，是影响小张作出购买与否决定的重要信息。小李作为房屋出售方，有向购买方如实披露房屋信息的义务，这种义务不仅体现在不能告知虚假情况，还体现在要严谨、细致、完整、准确地调查相关情况后再向购买方如实全面告知。本案中，小李出售的房屋也是自己从他人处购买，小李仅能确保自己没有用过学位，却没有核实清楚前一任业主是否使用过学位，没有尽到合理的注意义务。由于小李的疏忽，导致小张购房用于孩子上学的重要目的落空，小李理应承担违约责任。因此，法院判决：小李向小张支付违约金50000元，并承担小张因诉讼产生的律师费。

本案中的小张在合同签署时，曾明确提出自己的购房目的，并将该目的明确列入合同当中，是其维权诉求最终能够获得法院支持的重要原因。小张看似胜诉了，但其购买房屋的目的落空，其孩子也无法获得在光明小学就读的机会，终是竹篮打水一场空。

案例二

租客占用学位，业主也没辙？

2022年，小张想为一年后就上小学的女儿提前准备一套学区房。几经寻找、筛选，小张看上了小李的房子，虽然房中还有租客居住，但是小张购房的目的本来也不是自住，只是需要使用房屋的学位，房屋存在租户也没有关系。因此，小张决定购买小李的房子。

2022年12月8日，小张与小李坐到一起商谈购房事宜。小张表示这房子是买来给孩子上学用的，需要确认房子的学位没有被占用，于是小张和小李立刻通过教育局官网进行查询，确认交易房屋的学位未被锁定。

当日，小张和小李成功签订了房屋买卖合同。

签约后，小张陆续支付完毕全部房款；2023年1月10日，小张拿到了交易房屋的房本。

2023年1月20日，小张在小李的协助下与租客温某重新签订了房屋租赁合同，将房屋继续出租给温某使用，租赁期限为2022年11月1日至2023年10月31日。

2023年6月，小张在处理女儿上学事宜时，却发现所购房屋的学位名额已被占用，小张大吃一惊：签约前已经确认过了呀，这房子的学位没有被锁定，这是怎么回事？

原来，根据当地的政策，租户可以通过办理租赁备案登记的方式申请房屋对口学校的学位；温某刚刚住进这个房子的时候，就办理了租赁备案登记,房屋过户至小张名下后,温某便依据租赁备案登记给自己的孩子申请了学位,导致该房产的学位被锁定。

眼见入学的报名时间就要截止,小张没有时间去思考这到底是谁的过错,于是找到温某好言协商,希望温某能把学位让出来。温某自然是不愿意,认为既然政策允许租客使用房子的学位,自己就有权使用,小张凭什么让自己让出学位!小张好话说尽,又先后花了好几万块钱帮温某联系其他的学位,温某才同意解除对学位的占用。

小张非常不解,为什么自己明明购买的是学区房,却还要多花钱孩子才能入学?小张仔细回忆,想起来小李在签约之前虽然说了有租约,但没有告知租户办理了租赁备案,这才导致自己的损失,遂将小李诉至法院,要求判决:小李承担小张因置换学位导致的损失,并承担违约金。

然而在一审阶段,小张却败诉了。一审法院认为,温某是在房屋过户至小张名下且与小张重新签订了《房屋租赁合同》后,才申请的使用学位,这是小李无法预知的,不能认为小李存在过错。因此,一审法院并未支持小张的诉讼请求。但小张没有放弃,坚持上诉。

二审法院经仔细审理认为:小张购房时多次询问学区名额是否被占用,是否有效,说明该学区名额是小张的购房目的之一,小李是知情的;虽然温某通过租赁备案占用了学位并非小李的过错,但租赁备案有可能对学位产生影响,小李应该将温某办理租赁备案的事实告知小张。二审法院依据《民法典》第五百九十三条[①]的规定:"当事人一

[①] 该条文体现了合同相对性原则,即合同只在签订合同的当事人之间发生法律约束力,只有合同当事人一方能基于合同向合同对方提出请求或提起诉讼,而不能向与其无合同关系的第三人提出请求。

方因第三人的原因造成违约的，应当依法向对方承担违约责任。当事人一方和第三人之间的纠纷，依照法律规定或者按照约定处理。"判决小李向小张支付违约金 80000 元。

二审后，小李认识到自己的疏忽，向小张支付了违约金后，又主动找租户温某说明情况。经沟通，温某意识到自己的行为间接损害了小张权益，也令小李产生了损失；温某出于道义，给予小李一定的经济补偿。事件算是得到了圆满解决。

案例三

买房切忌急匆匆，突发变数入学落空

因孩子上学需要，小张准备购买小李的学区房。小李表示，自己家的孩子今年就毕业了，毕业之后学位就空出来了，小张家的孩子今年入学，刚好可以无缝衔接。

于是，二人于 2021 年 5 月 10 日签订房屋买卖合同，合同约定如下：

交易房屋上现存小李一家的户口，小李承诺过户办理完毕之日起 30 个工作日内，将落户于该房屋相关的所有户籍迁出。

2021 年 6 月 8 日，房屋过户至小张名下，根据约定，小李应在 2021 年 7 月 20 日前将房屋内的户口迁出，但小李一直未处理迁户事宜。

这到底是怎么一回事呢？原来房屋过户至小张名下后不久，小李家的孩子就突发重疾，2021 年 7 月 10 日至 2021 年 11 月 12 日，小李一家辗转多个医院进行就医，截至 2021 年 12 月 9 日，孩子才治愈出院。

"幼吾幼以及人之幼"，自己也有孩子的小张非常同情小李一家的遭遇，但也正是因为孩子生病，小李为孩子办理了休学，导致房屋的学位仍然处于占用状态，按照政策，小张的孩子无法入学。

小李深感抱歉，眼见学校马上就要开学了，小张这个时候再重新买房也肯定来不及了。孩子上学是大事，于是，小李除了每日在医院照顾孩子，还和小张一起奔波于各个学校之间，为小张的孩子寻找一个可以入学的学校。见小李如此，小张更是不忍埋怨。终于，在开学前，小张的孩子成功入学了另一所学校。

事情暂时尘埃落定，小李的孩子也渐渐恢复了健康。而小张心里一直不是滋味：自己当时之所以花重金买小李的房子，就是看上了房子所附带的优质教育资源，自己家的孩子本来要入学的是全市的重点中学，现在却只能在一个普通中学上学，孩子每日还要花很长的时间奔波于学校和家之间，耽误时间不说，还十分辛苦。于是，小张决定讨个说法：小张将小李诉至法院，认为小李构成根本违约，导致合同的重要目的不能实现，要求小李支付违约金。

法院经审理认为，小李未能及时迁出户口系其子女突发重疾所致，虽然违反了合同约定，但小李作为母亲在当时情境下未能顾及其他事宜，情有可原，且小李也积极为小张协调学籍占用事宜，并非恶意违约；但小李确实违反了合同约定，故法院酌定小李支付小张违约金150000元，并承担小张的律师费及部分诉讼费。

经历此番波折后，小张也深刻反思了自己的购房过程。她意识到，购买学区房不仅是为了一个学位，更是对孩子未来教育环境的投资，必须提前规划，做好充分准备，避免发生突发情况导致孩子无法及时入学，耽误孩子的未来。

案例四

学位政策"七十二变"，签后核实干瞪眼

小张的孩子2023年就要上小学了，为了孩子能够去重点小学光明小学读书，小张从2022年就开始寻找合适的学区房。某日，小张到学校附近的中介公司咨询，经中介公司经纪人小王介绍，小张认识了正在卖房的小李。

小张明确告知小李，其购房的主要目的是需要使用房屋的对口小学光明小学2023学年一年级的学位。小李告诉小张，自己的小孩目前就读于光明小学四年级，但自己有改善住房的需求，会在学校附近再买一套房，目前已经看好了房子，那套房子的对口学校也是光明小学；所以，可以通过学位平移[①]的方式解除小李的孩子对光明小学学位的占用。

二人一拍即合，2022年3月30日，小张和小李签订了房屋买卖合同。签约之后，小张陆续向小李支付了定金150000元。

虽然听说过学位平移，但是小李和小张都不知道怎样操作，于是2022年3月至2022年5月，小张和小李分别向光明小学和教育部门等咨询了解学位平移。这一问不要紧，小张和小李竟然得到了完全相反的答复：小张从教育部门获得的答复为学位平移无法实现，小李从学校获得的答复为学位平移可以操作。

---

① 根据当地政策，学位平移是指如果业主购买同一学校服务片区的另外一套学位未占用的房屋，将其子女的学籍和户口迁移到新房屋，且在学校备案后业主原住宅的对口学位变更为不占用状态。

焦虑的小张希望小李能够和自己签一份补充协议，保证学位未被占用，否则支付违约金1000000元，小李自然不会同意，毕竟政策性的东西变化太快，这不是自己能够决定的。于是双方一直未能达成一致。

2022年5月18日，小张根据自己了解到的情况判定孩子无法通过学位平移入学光明小学，认为自己购房的目的已经不能实现，于是希望能和小李解约，小李全额返还定金。小李认为学位平移不一定行不通，怎么能还没试就决定解约呢？于是没有理睬小张。

小张见小李既不愿签署补充协议，也不愿解约，便于2022年6月24日将小李诉至法院，主张解除买卖合同，要求小李双倍返还定金300000元。

但小李也提起反诉，认为小张以学位不能平移为由要求无责解约已构成违约，主张小张支付违约金，并赔偿自己的律师费损失。

法院经审理认为，小张在购房前明确告知了其学位需求，小李也告知了其子女正在占用房屋对口小学学位的情况，二人不存在任何隐瞒。关于"学位平移"的问题，不同时期有不同政策的情况，而教育部门最新的回复并未明确光明小学所在行政区域目前可办理学位平移。基于政策的变化，小张的合同目的不能实现，小张主张解约并无问题；但合同目的不能实现是因为政策变动，并不是小张或小李的过错。因此，法院判决双方无责解约，小李向小张返还全部定金。

经过这次学区房交易的波折，小张深刻吸取了教训。他开始寻找新的房源，下定决心只考虑那些学位明确未被占用的房子。最终，小张找到了一套完全符合需求的学区房。这次，小张在签订购房合同前，不仅仔细查看了所有相关文件，还特意加入了关于学位的特别约定条款，确保万一再遇类似情况，能有明确的法律保障，好在交易顺利完结。小张的孩子也顺利入学光明小学，一家人安心地在新居中开始了新的生活。

案例五

需要学位签前须约定好，签后强加义务行不通！

2020年11月22日，小张决定购买小李的房子，通过中介方的介绍，小张与小李签订了房屋买卖合同，合同约定：

双方签订《交易资金监管协议》后，客户应将不低于首付款90%的资金存入监管协议约定的银行账户。

签约后，小张陆续支付了定金200000元。

2022年3月24日，小张和小李共同选择了某融资担保有限公司办理资金监管，与该公司签订了《交易资金监管协议》，小张需要于当天将首付款存入约定的资金监管账户。

然而此时，小张却以交易房屋学位无法确定为由，拒绝将首付款存入监管账户，并且提出两个需求：1. 要求小李明确交易房屋为附近某小学的学区房，否则需承担1000000元的违约金；2. 希望小李以补充协议的形式对上述需求进行确认。

小李听到小张这样说十分生气，自然不会同意签署补充协议，心想小张从来没有提出过自己想买的是学区房，现在突然要求自己确认房子一定是学区房且有学区名额，不然还要承担高额的违约金，这属于严重加重自己的义务及风险！因此，双方僵持不下。

眼见小张一直没有按照房屋买卖合同的约定，将首付款90%转入资金监管账户，小李于 2022 年 6 月 8 日向小张发送了律师函。载明：小张逾期支付已两月有余，须在收到函件后 10 日内完成转款义务，并与小李共同办理过户手续。

2022 年 6 月 10 日，小张在沟通的微信群内发送消息称：自己多次沟通解决学位问题，也多次通过中介方邀请小李见面沟通协商解决，切实推进合同履行；但小李不愿协商，对学位问题无解决方案；鉴于此，将暂停履约，一切法律后果由小李承担。

见小张是这样的态度，小李也不愿再和小张多说，直接以小张迟延履约构成根本违约为由将其起诉至法院，主张解除合同，要求小张支付违约金。

那么，小张为什么突然如此执着于学区房呢？是恶意违约吗？原来，曾经该市入学政策为"直读入学"：以交易房屋为例，只要小张买了这套房子，小张的孩子就可以就读该小区对口的小学，这正是小张购买交易房屋的原因。由于这一政策多年未变，小张签约的时候就没有提出在合同中约定学位的事情，也没有特别提出自己想买学区房。但当地教育局于 2021 年 8 月 31 日发布了一则通告，载明：从 2022 年起，交易房屋对口小学的入学政策将从"直读入学"转变为"摇号入学"。也就是说，即便小张购买了交易房屋，小张的孩子能否就读离家最近的对口小学，可能还要看电脑摇号的结果，这大大增加了小张孩子上学的不确定性，因此小张提出签署与学位相关的补充协议。

法院认为，教育局虽然发布了入学政策调整的通知，但该通知仅为预设性通知，并未否定交易房所在地段的适龄儿童就读对口小学的资格；且双方签订的房屋买卖合同也未明确该房屋对应学校，故小张以学位问题为由不履行合同构成违约。但由于双方因学位问题产生纠纷之前，小张一直积极履约，所以法院认定小张虽构成违约，但不构成恶意违约。因此，法院判决房屋买卖合同解除，小张已支付的定金200000元小李不予退还，除此之外，酌定小张向小李支付违约金15000元。

风险提示

本专题的案例均围绕购买学区房展开，购买学区房有风险，父母费尽心思为子女挑选理想学校，提前多年筹划布局，却由于种种原因，遭受不同程度的金钱损失，甚至造成了子女不能如愿上学的后果。

在这里，小贝建议广大消费者做到：

1. 如果购买方有购买学区房的需求，那么签约时务必在房屋买卖合同中明确购房的目的，写明学位的现状（如是否被占用），以及违约后的赔偿责任，以保障自身权益。

2. 学位常与户口绑定，因此签约前购买方应当确保出售方的户口可以迁出或已经迁出，自己孩子的户口可以迁入房屋，避免因户口问题影响孩子入学。

3. 签约前，购买方应谨慎核实学位是否被占用，如可以与购买方共同前往派出所查询交易房屋的户籍信息，确认是否有学龄儿童在该房产的户籍下，或可以直接联系对口学校，查询住房备案信息，确认学位是否被占用等。

4. 在购买学区房之前，请务必了解房屋所在区域的招生政策、录取方式和落户要求，如租赁备案是否占用学位等。学区划分标准和方法可能因城市而异，有的根据街道划分，有的根据学校招生范围确定，可以通过教育局网站或直接咨询学校，充分了解这些信息。

5."学位"并不稳定，政策随时可能发生变化，房子本身的质量、小区环境和物业服务等"硬件"也很重要，建议消费者在购房时综合考虑其他因素，而不是仅仅局限于学位因素。

专题二十二
购房前，房屋上的户口需提前核实

对于二手房交易来说，因户口导致的纠纷不在少数。户口这一因素在交易时很容易被忽视，却又有着足以颠覆整个交易的力量。它通常与教育资源、社会福利等紧密相连，其重要性不言而喻。然而，由于户口在交易过程中通常很难通过肉眼直接观察到，若出售方不如实披露，那购买方很有可能在交易完成后才惊觉户口问题未得到妥善解决，从而引发一系列纠纷。对于购买方而言，若出售方的户口未能如期迁出，可能影响购买方的户口迁入，进而影响购买方子女上学，部分场景下甚至会造成买房目的落空；对于出售方而言，若未能及时迁出户口，可能影响房屋的交易进程，并承担相应违约责任。

希望通过本专题案例的分析，为买卖双方提供实用的指导和建议，以避免由此导致的风险。

案例一

被前任业主户口"霸占"的学区房

2021年开始，小张为了孩子能够获得更好的教育资源东奔西走，

| 安家： 99 个故事教您买卖二手房

踏上了寻找优质学区房的旅途。在中介方经纪人小王带小张看了无数套房子之后，终于，小张的目光牢牢锁定一套房子：这房子干净明亮，1公里的范围内坐落着全市声名赫赫的重点小学，还有全国都久负盛名的重点中学，业主小李看起来也是个通情达理之人，小张十分满意，决定购买。

2021年4月4日，小张以554000元的价格购买了小李的房子，小张和小李成功签署了房屋买卖合同。那一天，阳光透过窗户洒在合同纸上，小张满心欢喜，觉得自己为孩子的教育迈出了坚实的一步。签约前，小李表示房屋地址下有自己及家人户口，于是双方在合同中约定：

小李须保证房屋交付时无任何户口存在。

2021年4月26日，小张和小李办理了过户手续，过户当天小李表示已经将自己及家人的户口迁出。出于谨慎，小张要求一起去派出所确认户口的情况，小李应允。然而，当小李和小张一同前往派出所核查户口情况时，意想不到的事情发生了——经查，小李一家的户口确实是已经成功迁出了，但房子竟然还挂着小李前任业主一家的户口，小张一家的户口根本迁不进去！小张心中瞬间涌起一股不祥的预感。小李也十分惊讶，但他立刻向小张表示会尽快解决这个问题。

小李深知问题的严重性，他便马不停蹄地与前任业主沟通：原来，当时卖房时，前业主的家庭成员就卖房所得的款项争论不休，谁都想多拿一些售房款，因此产生了严重的纠纷，户口也就一直拖着没有迁出。没想到，前业主家庭成员间的矛盾至今没有解决，前业主态度坚决地拒绝迁出户口。

于是，小李来到派出所反映情况，辖区派出所向前任业主出具了《拟迁移户口告知书》，告知前任业主一家需要在自2022年5月9日起7日内将户口迁出。

2022年5月9日，前任业主一家终于将户口迁出，小张心中那块沉甸甸的石头总算是落了地。

本以为事情告一段落，但小张心想，自己因为户口的事儿可没少操心，耽误了不少时间和精力；小李违反了房屋买卖合同的约定，要给自己一些赔偿才行。他提出让小李赔偿30000元。

小李觉得，这根本不是自己的错，自己家庭成员较少，当时一家人把户口迁到这个房子里的时候，没有受到任何影响，不知道房子里还有前任业主的户口很正常；而且事情发生后，自己一直在积极解决问题，费了不少口舌，最后问题也顺利解决了，小张现在没有理由再找自己要钱了，于是小李没有理会小张的要求。

见小李没有任何回应，小张直接将小李告上了法庭，要求法院判决小李支付15000元违约金。

法庭上，法官查看了小张与小李签订的房屋买卖合同，确认这是各方真实意愿的体现，每一个条款都清晰明确，内容合法有效。小李在交付房屋时没有履行确保房屋地址下无户口的承诺，这无疑违反了合同约定，作为原房主，小李有不可推卸的责任去核实房屋的户口情况；他当初未经核实就做出承诺，未免太过草率。尽管小李辩称自己对前任业主户口的存在并不知情，但这种说法在法律面前显得苍白无力。由于小李前业主一家的户口已经迁出，法院酌定小李向小张支付15000元违约金。

案例二

迁不出去的户口，谁之过？

2018年10月，经中介方经纪人小王撮合，小张购买了老李的房子，二人顺利签约。签约时，小张问及老李房屋户口的问题，老李表示自己从来没有把户口迁到这个房子里，让小张放心。小张担忧地表示这房子是买来给孩子上学用的，万一户口迁不进去就糟了。小王告诉小张，可以在合同里约定一笔户口迁出保证金①，于是小张和老李在合同中约定：

若房屋内有户口，老李必须在过户之前迁出，双方同意在房款中留存20000元作为户口迁出保证金，确认户口已经全部迁出后，老李才能拿到这笔钱。

此后，小张和老李都按照合同约定履行了各自的义务，一切都有条不紊地进行着。

2018年12月，房屋过户完成，小张满心欢喜地拿到了房产证明。老李也表示，自己已经去派出所核实过了，房子上现在没有任何人的户口。刚刚完成交易的小张十分信任老李，没有亲自去派出所确认；于是，此前留存的户口迁出保证金划转到老李的银行账户。

世事无常，不久之后，老李竟意外去世了！几天前还和自己交谈的人竟然一夜之间命丧黄泉，得知这个消息的小张唏嘘不已。

时间来到了2023年1月，小张的孩子快要上小学了，于是小张开

---

① 户口迁出保证金是为了避免出售方不及时办理户口迁出，导致购买方权益受损，购买方在向出售方支付房款时会预留一部分尾款，待出售方办理完户口迁出后再支付给购买方的价款。

始为孩子办理户口迁移；小张来到派出所后，被民警告知户口迁不进来。原来，房屋内竟然还有第三人的户口。

这到底是怎么一回事呢？经派出所调查，目前占用着房屋户口的人是老赵，原来，这房子曾经是老李丈夫的，老赵曾与老李的丈夫在这间房子里共同生活过，老赵就把户口迁了进来，但一直没有迁出去。老李的丈夫去世后，老李通过继承得到了交易房屋，但老赵一直没有把户口迁出。小张联系上了老赵，试图与老赵沟通，希望她迁出户口；可老赵觉得自己和老李的丈夫一起生活了很多年，这房子本应该有自己一份，赌气拒绝迁户。

小张觉得这件事自己也有错，当时就不应该轻信老李的说辞，应该坚持来派出所查一下户口，但中介方也存在疏忽，当时怎么就不提示一下自己相关风险呢？于是，小张将中介方告上法庭，要求中介方支付违约金并协助办理户口迁出手续，希望法律能为自己主持公道。

然而，法院的判决并没有支持小张的请求。法院经审理认为，根据合同约定，逾期迁户的违约责任应由房屋出售方老李承担。虽然现在老李去世，但小张要求中介方承担责任并协助办理户口迁出手续，这既不符合合同约定，也于法无据。就这样，小张的诉讼请求被驳回了。

小张陷入了迷茫，老李已经去世，现在去怨恨老李好像也没什么用了。但接下来，该怎么做呢？小张打起精神来，又找到了辖区派出所，希望民警能帮自己再想想办法，同时咨询了律师，准备直接起诉老赵迁户。

通过多次与辖区派出所沟通，民警决定介入调解。同时，小张的律师也向老赵发出了正式的法律函件，明确指出老赵继续占用房屋户口已违法。面对警方的介入和法律的压力，老赵的态度逐渐软化，意识到继续赌气下去对自己并无益处，而且可能影响到他人的正常生活。

最终，老赵同意将户口迁出。小张陪同老赵一起办理了户口迁出手续，并顺利地将自己一家的户口迁入了房屋。

这次经历让小张深刻认识到，在购房过程中，除了要仔细审查合同条款以外，还需要亲自核实房屋的相关情况，特别是户口问题。他决定将这次的经验教训分享给身边的朋友和家人，提醒他们在购房时要多加注意，避免类似的纠纷再次发生。

案例三

暂时没收到全部房款，但户口该迁还得迁

2020年9月，小李和小张签署了房屋买卖合同，合同约定小张购买小李的房屋，二人在房屋买卖合同中约定：

1. 房屋成交价4000000元，小张通过贷款方式购房，尾款部分由放贷机构直接支付给小李，放款时间以贷款机构实际放款时间为准；

2. 贷款申请经过贷款机构审批通过且符合过户条件后，双方须在3个工作日内办理过户手续；

3. 小李应当在过户手续完成后60日内办理原有户口迁出手续。

签约后，小张积极申请银行贷款，但第一家银行可以批贷的金额低于小张的心理预期，故小张决定更换银行申请贷款；终于，小张找到了一家可以批贷的金额较高，但放款周期比较长的银行。然而，小李此时突发急病住进了医院，一直在医院住院治疗了两个月，才勉强

能够下床活动，后出院回家休养。由于小李生病，无法配合小张办理贷款，于是一直到11月小李出院后，二人才来到银行办理了贷款申请手续。

2020年12月22日，贷款审批通过，小张和小李可以办理过户；12月24日，双方成功办理了过户手续，小张拿到了交易房屋的房产证。

2021年2月22日，是合同约定的办理户口迁出手续的时间，小张提示小李尽快把户口迁出。但由于银行的贷款还未发放，小李总是感觉不踏实，于是以此为由拒绝迁出户口，又过了半个月，银行贷款终于足额发放，小李却又病倒了。自此之后，小李一直奔波在全国各地求医问药，迁户口这事儿就耽搁了。

其间，小张不断催促，小李见自己实在是抽不开身，于是委托女儿办理户口迁出手续。直到2021年7月1日，经小李的女儿代为办理迁户后，小李的户口才迁出。

一个简单的迁户口却被小李拖了这么久，小张觉得这让自己日日记挂，产生了精神损失，于是将小李诉至法院，要求小李支付逾期办理迁户手续的违约金。

小李在庭审中抗辩：签约后小张变更了贷款银行，但彼时自己生病在医院治疗，无法配合，若不是因此耽误了时间又影响了贷款发放的进度，导致自己迟迟不能收到尾款，也就不会产生后面的纠纷。另外，小张完全可以凭房产证主动上户口，并不需要自己配合，自己的行为没有造成小张任何损失，无须支付违约金。

法院经审理认为：小李的前述抗辩理由并不成立，原因如下：

1. 双方签订的房屋买卖合同明确约定尾款支付时间以银行发放为准，而小李迁出户口的时间约定是明确的，即过户后60日内，小李未按照约定的时间迁出户口属于违约行为，尾款迟迟没有收到并不能成为延迟迁户的理由。

2. 关于小李主张其因病治疗无法办理相应手续，法院认为该事由对履行户口迁出义务虽有影响，但从查明的事实来看，户口由其女儿办理也可迁出，这表明小李本人封闭治疗对迁出户口的影响不是绝对的。

因此，法院认为小李逾期迁户确实构成违约，须支付小张违约金25800元。

小李的波折遭遇虽令人同情，然合同之约如绳墨，不容偏离；法律判定彰显公正，违约必究。买卖双方须遵守契约精神，要严格按照合同约定来办事。如果遇到特殊情况，可以与对方协商一致对合同进行变更，不可擅自违约。

案例四

没时间迁户口，违约须担责

2019年6月13日，小张决定购买小李的房屋，二人签署了房屋买卖合同，合同约定：

小李应在过户手续办理完成后90日内，将房中原户口迁出。

签约后，双方积极履约，2019年11月19日，双方办理完毕过户手续，房屋过户至小张名下。

拿到房本的小张内心十分高兴，他当初之所以决定买这个房子就是看中了房子是个名副其实的学区房。自己家的孩子过两年就要上学了，现在买房很合适，而且有学区房的加持房子一定很保值，等到合适的时候自己再把房子卖出去，肯定还能赚一笔。

但到了合同约定的小李迁户的日子，小李一直没有办理。小张忍不住催促，并告知小李自己有孩子快要读书了，担心会影响孩子迁户上学。

小李表示：自己的工作经常要出差，暂时腾不出时间来办理迁户；但是小张不必担心孩子读书的问题，这套房子可以落户多个户口，自己的户口没有迁出并不影响孩子户口的迁入。

于是小张开始给孩子办理迁户手续，正如小李所言，房子可以落户多个户口，孩子的户口成功迁入，孩子也顺利在对口小学入学。

在这之后，小张又催促过小李几次，希望他还是能够尽快把户口迁出，小李也都以工作忙为由拒绝了。小张心里越来越不是滋味，明明是自己的房子，房中却有外人的户口，这让小张感到十分别扭；小张也不禁开始担忧，要是小李一直不把户口迁走，自己再卖房的时候可怎么办，房子的价值一定会受到影响的……小张不断向小李表达自己的担忧，小李却觉得小张是没事找事，置之不理。

为了让小李尽快迁户，2022年10月28日，小张将小李诉至法院，要求小李立即迁出户口，并支付逾期迁户的违约金。小李收到传票后，意识到问题的严重性，于是终于在2023年3月2日，迁走了自己的户口。但小张并不打算撤诉，他决定让小李为自己近三年的违约行为付出代价。

庭审过程中，小李抗辩：自己已明确告知小张，房屋原有户口未迁出并不影响新户口的迁入，交易房屋可以落户多个户口；且当前房屋户口已然迁出，小张并无实际损失，自己无须支付违约金。

法院经审理认为：房屋买卖合同中已经明确约定了小李办理房屋原户口迁出时间，按照合同约定，小李应在 2020 年 2 月 19 日之前迁出户口，但小李实际迁出时间为 2023 年 3 月 2 日，小李构成违约，应支付违约金。虽然小张并没有产生实际的损失，但考虑到小李长达三年的违约行为确实存在较大的过错，故酌定小李向小张支付违约金 40000 元。

至此，这场历时三年多的户口闹剧，终于落下了帷幕。买房子本是开心事，却因户口迁移折腾个没完，虽说小李逾期迁户有自己的难处，也并未给小张造成损失，但违约终归是不对的。法院判决小李支付违约金，给这件事定了性，这也给大家提个醒，签了合同就要按约定来，别不当回事，不然肯定会惹麻烦。

风险提示

通过以上案例，小贝提示消费者：

1. 务必重视房屋户口问题，在签订房屋买卖合同前，购买方和出售方应当一起前往房屋所在地派出所的户籍部门查询户口情况，同时可以咨询办理户口迁移、落户等相关规定。

2. 出售方应当如实告知房屋的户口情况，并在签约后积极履行户口迁出的义务，避免因户口问题承担额外的违约赔偿责任。

3. 签约时，买卖双方应在合同中如实记录房屋的户口情况，并约定清楚户口问题的处理方案；买卖双方可以选择留存一笔户口迁出保证金，以约束出售方按时迁出户口，保护购买方的合法权益。

专题二十三

房子已卖，可别新增抵押权与居住权

房屋买卖过程烦琐耗时，其间还可能突发各种情况，导致交易推进受阻；交易房屋新增抵押权和居住权[①]便是两大潜在障碍。如果出售方在签约后擅自增设这两项权利，无疑将为房屋交易平添难题，极易导致交易无法继续进行。

本专题旨在通过以下案例，提醒买卖双方在交易过程中积极履约，切莫人为设置交易障碍，阻挠交易顺畅进行。

案例一

抵押未销又增抵押，债上加债违约需赔偿

靠自己的努力在生活的城市买一套房，一直是小张的梦想。2020年，小张经过多年的打拼，终于攒够了买房的钱，于是开始挑选心仪的房子。

没想到，攒钱困难，挑房子更是不简单。小张看房有几个月了，

---

① 抵押权和居住权的概念详见文末小贝普法。

但是新房要么是距离市区遥远，每天要花费好几个小时在通勤上，要么就是周围的配套设施还没完善，窗户外面只能看到一大片荒地。于是，小张决定在市中心买一套二手房。

又是几个月的看房，小张终于锁定了小李的二手房，这套房子价格适中，地段优越，虽然是二手房，但是看起来并不算老旧，总的来说很值得购买，小张决定通过贷款的方式购买小李的这套房子。

2020年6月8日，小李和小张签订了房屋买卖合同，小李将自己的房屋以574000元的价格出售给小张，合同约定：

1. 交易房屋目前为抵押状态，小李应在2020年8月31日前到贷款银行办理解除抵押登记手续；

2. 小张的贷款审批通过且房屋符合过户条件后（小李办理完毕房屋的抵押注销手续），双方前往房管局办理过户手续。

不久后，银行审批通过了小张的贷款申请。小张以为，等小李注销抵押后就可以办理过户了，但过了好几个月，小李也没有去办理解抵押手续，小张不断地催促，但小李每次不是说自己在出差，就是说家里有事，一直拖着没办。

2020年12月21日，小张偶然得知，小李不仅没有按合同约定注销原抵押，还另向一家小贷公司贷款了200000元，并以交易房屋作为该笔借款的抵押物，在房屋上设立了新的抵押。

这一操作引起了小张的警觉，小张立即要求小李自行偿还两笔债务，解除交易房屋上的抵押限制。多番交涉后，小李无奈表示，自己的生意出了点问题，实在是无力偿还两笔抵押，房子无法过户了。

小张觉得这套房子自己看了这么久才决定购买，下次再看到合适的房子不知道会是什么时候，于是坚持要购买该房屋，将小李诉至法院，请求法院判决：小李继续履行合同，将房屋过户到小张名下并支付违约金。

庭审中，小张表示可以变更贷款购房为全款购房，且愿意以购房款代小李偿还两笔抵押贷款。

法院经过审理认定，小李确实没有按照房屋买卖合同约定的时间办理解除抵押手续，签约后又以交易房屋为抵押物，设立了新的抵押权，小李的行为构成违约。由于小张愿意代小李偿还抵押贷款，且能全款支付购房款，最终法院支持了小张的诉讼请求，要求在小张代为偿还两笔抵押贷款后，小李协助小张办理过户；但小李须为自己的违约行为支付违约金10000元。

判决生效后，小张迅速筹集资金代小李偿还了贷款，随后，在紧张的等待与烦琐的手续办理过程后，房子终于顺利过户到小张名下。

然而，当小张向小李索要违约金时，小李却表示自己早已身无分文，无力支付。小张虽心有不甘，但也深知再纠缠下去亦是徒增烦恼，只得默默接受了这一结果，并盼此后能在这来之不易的房子里开启平静的生活。

案例二

居住权说设就设？给交易拦路，要担责

2021年4月5日，小张准备购买出售方小李的房子，二人签订了房屋买卖合同，合同约定：

1. 房屋交易价格为730000元，小张在签合同当日支付定金20000

元，过户前支付首付款 200000 元，剩余购房款通过贷款方式支付；

2. 交易房屋未设定抵押，带租约，小李承诺租客没有购买该房屋的意向；

3. 小李应配合评估公司对房屋进行评估①。

签约完成后，小张按约支付了 20000 元定金。但在进行贷款评估时，租客始终不配合让评估公司进入房屋，导致贷款评估受阻，交易无法推进。

2021 年 5 月 18 日，小李和小张通过微信沟通，两人达成租客不配合评估就解约的方案，并约好次日签署解约协议。由于这套房子是小张物色许久后选择的，小张不愿轻易放弃，于是和小李沟通完毕后，他又咨询了自己在银行工作的同学，同学表示可以尝试去本地的 A 银行申请贷款，根据小张的条件，或许 A 银行可以接受不进行贷款评估。

于是次日，小张再次通过微信联系小李，告知要继续购买房屋，并透露他找到了不需要实地进行评估的银行，租客不配合的问题得以迎刃而解。小李却推说租客问题仍然存在，明确表示不愿继续出售房屋。之后，小张多次与小李沟通继续购房，双方始终未能达成一致。小李甚至编造租客要行使优先购买权的理由，阻碍交易继续进行。小张见小李铁了心要毁约，无可奈何之下，扬言要通过诉讼方式解决。

2021 年 6 月 4 日，小李将房屋抵押给他人，并办理了抵押登记。5 天后，小李又在交易房屋上设立了居住权。

原来，小李在和小张签约后，觉得自己把房子卖得便宜了，感到

---

① 在个人住房商业性贷款活动中，银行为了知道合理的抵押价值，会委托信任的房地产评估机构进行评估，为其确定房地产抵押贷款额提供参考依据。

专题二十三 房子已卖，可别新增抵押权与居住权

后悔，于是决定通过各种方式阻碍交易，让小张知难而退，同意解约，自己也能接受支付一些违约金；这样，自己就可以用更高的价钱将房屋卖出。

见小李完全不想履约，小张直接将小李诉至法院，要求解除房屋买卖合同，并由小李支付房屋成交价的20%（146000元）作为违约金。

庭审中，小李抗辩：他设立抵押权和居住权，只为防止小张威胁恐吓房子的实际居住人，以免产生不好的后果，这是他临时采取的保护措施，这两项权利都可以随时解除，不会影响房屋交易，他本人并没有阻碍交易继续进行的意思。

法院经审理认定：小李作为出售方，在租客不配合房屋评估的障碍已经消除后，应该按照合同约定继续推进交易，但小李反其道而行之，擅自设立抵押和居住权，给交易增添履行障碍，已经构成根本违约。因此，法院判决合同解除，小李向小张支付146000元违约金。

拿到判决的小李悔不当初，计谋看似得逞了，但自己也因此失去了信用。

风险提示

房屋买卖合同一旦签订生效，即产生法律约束力，交易双方都应全力以赴全面履行。但在上述案例中，小李在签约后不仅没有积极履约，反而在交易房屋上增设抵押权、居住权，给交易的顺利推进制造阻碍，导致违约担责。

在这里，小贝温馨提示广大消费者：

1. 作为购买方，在签订房屋买卖合同前，应仔细核实房屋产权证及签约当日的房屋产调情况，了解交易房屋是否设立了抵押权、居住权等权利限制；如果确实存在这些限制，应要求出售方给出具体可行的解决方案，并约定在合同条款中，做到防患于未然。

2. 作为出售方，在签约前应当全面披露交易房屋的权利限制，让购买方充分了解房屋是否存在抵押权、居住权等第三人权利；签约时，出售方应做好过户及交房规划；签约后，应关注自身财务状况，避免新增债务影响交易安排。如果出售方已经同意售房，却在房屋上增设抵押权、居住权的，可能导致房屋不能按约过户或交付的严重后果，出售方也会因此承担违约责任。

小贝普法

什么是抵押权？什么是居住权？

1. 抵押权

根据《民法典》第三百九十四条第一款的规定，为担保债务的履行，债务人或者第三人不转移财产的占有，将该财产抵押给债权人的，债务人不履行到期债务或者发生当事人约定的实现抵押权的情形，债权人有权就该财产优先受偿。

那么抵押权的设立对于房屋交易会产生什么影响呢？一般而言，办理房屋产权变更前需要先偿还债务并注销已有的抵押权；另外，若债务人（房屋出售方）无力偿还债务，那么债权人（抵押权人）有权就对抵押物（房屋）拍卖后的钱款优先受偿。

可见房屋上设立抵押权，可能对房屋过户产生影响；并且，若签约后过户前出售方在交易房屋上设立抵押权，如果此时购买方已支付了部分房款，还可能对购买方的资金安全造成极大的风险。

2. 居住权

居住权是指为满足生活居住的需要，按照合同约定，对他人的住宅享有的占有、使用的权利。《民法典》第三百六十九条规定，居住权不得转让、继承。设立居住权的住宅不得出租，但是当事人另有约定的除外。第三百七十条规定，居住权期限届满或者居住权人死亡的，居住权消灭。居住权消灭的，应当及时办理注销登记。

那么居住权的设立又会对房屋交易产生什么影响呢？在房屋上设立居住权后，居住权人有权在房屋内居住生活，房屋所有权人不能再将房屋出租，也不能单方面撤销居住权。这必然影响购买方对于购买房屋的居住、出租等使用目的的实现。

专题二十四

贷款买房 步步为营

二手房交易所需的资金成本较高，多数购房者会选择向贷款机构申请个人住房贷款[①]来缓解资金压力，这使得贷款购房成为购买方主要的支付方式。然而，银行贷款并非轻而易举就能取得。购买方能否办理购房贷款可能受到自身信用评级、收入水平等因素的影响；除了购买方自身的条件，贷款过程涉及资料提交、面签、房产评估等多个步骤，还需要买卖双方共同参与、密切配合才能完成，任何一方消极对待或故意拖延，都可能阻碍贷款审批进程，或导致贷款申请无法获得通过。此外，政策的调整也可能影响批贷结果。

本专题希望通过以下案例，提示交易双方关注购房、售房过程中贷款环节可能存在的风险，以免引发违约，承担违约责任。

[①] 即个人住房商业贷款，指具有完全民事行为能力的自然人购买本市城镇自住住房时，以其所购买的产权住房（或银行认可的其他担保方式）为抵押物，作为偿还贷款的保证而向银行申请的住房商业性贷款。

案例一

征信不过关，贷款贷不成，风险需自担

准备"三十而立"的小张计划买房，可他了解市场行情后发现，自己所有的存款加在一起还是不足以让他全款购房，于是小张决定贷款买房。

小张是一名自由职业者，收入一直不太不稳定，之前办的几张信用卡有过逾期的记录，他担心自己征信情况不过关，于是将自己的征信报告发给了朋友，请朋友帮忙看能否申请商业贷款；朋友看过后答复应该可以贷款，但具体能申请下来的数额不是很确定，需等到申请的时候再看，而且贷款政策随时可能发生变化，有不确定性，要时刻关注着。小张听到朋友说可以贷款之后很高兴，心想只要能申请贷款，自己就有能力买房，于是小张不再为预算感到担忧，开始看房。

看了多套房子后，小张选中了小李的房子。房子面积虽然不足40平方米，但位置在市中心，房屋售价也符合小张的心理预期，让他后续不会有太大的还款压力，小张总体很满意。

2021年5月，小张与小李签署房屋买卖合同，合同约定：

交易房屋总价为1250000元。其中，定金为50000元；首付款为300000元；剩余房款金额为900000元，由小张通过向银行申请商业贷款的方式进行支付。如果小张首次贷款未获批准，双方同意小张继续向另一家贷款机构申请贷款；如果仍然无法获得足额批准的，小张应当一次性支付全部购房款，否则构成根本违约。

签约后，小张开始着手准备申请贷款的资料，可没想到，小张贷

款之路走得并不顺利。

2021年7月，小张第一次到银行申请贷款，可银行并没有同意批贷。小张着急地向银行工作人员打听，想了解申请被拒的原因，银行工作人员表示原因比较复杂，可能和交易房屋的面积较小、小张的征信报告存在逾期记录以及国家信贷政策的变化都有关系。

原来，2021年国家进行了房地产政策的调控，2021年下半年全国各地的大小银行都对个人住房贷款实行了紧缩，整体呈现审批标准变严、审批时间变长、下款周期延长的现象。无奈，小张只得更换贷款机构。

2021年12月，小张向选定的另一家银行提交贷款申请，但最终仍然没有获准批贷。

眼看着贷款无望，再不想办法凑够房款就要违约了，于是小张开始全力向亲朋好友借钱，然而，不管怎么东拼西凑，小张始终没能凑够原本预计贷款的900000元房款。

小李因为小张贷款不顺，已经前后两次宽限了合同履行期限，但小张的资金还是无法到位。小李不得已将小张诉至法院，要求：解除房屋买卖合同，小张支付违约金250000元（房屋成交总价的20%）及律师费20000元。

法院经审理后认为，小张前后两次申请贷款，却都因各种原因被银行拒绝，按照房屋买卖合同的约定，小张应当全款购房；但小张当庭表示无力一次性支付全部购房款，因此小张实际已经无法履行合同，构成根本违约，应当承担违约责任。

最终，法院综合各方履约情况、过错程度等，判决小张向小李支付 100000 元违约金，并支付律师费 20000 元。

小张的经历发人深省，在做出买房这类人生重大决策时，应当慎之又慎。房屋本身的情况、个人信用状况、市场、政策的变动等因素都可能对能否申请贷款、贷款成数产生影响。在选择贷款购房前，务必全面评估风险，周全规划，避免陷入小张的困境。

案例二

买了房想毁约，通过离职寻求拒贷，不可取

2023 年 6 月，小张决定购买小李的房子，双方签署了房屋买卖合同。合同约定：

交易房屋总价为 1140000 元，其中：定金为 60000 元；首付款为 330000 元；剩余购房款 750000 元，小张通过贷款的方式支付。如果小张首次贷款未获批准，小张可以继续向另外两家贷款机构申请贷款；如果小张经三次贷款申请仍然无法获得批贷，那么双方无责解约。

签约后，小张再次看房。她经过仔细查看，发现房子卫生间竟然有渗水迹象，她立刻找到小李要求维修，小李也迅速联系了维修公司修复漏水区域。几天后，修复完成，小李约小张同去现场验收。

小张看到修复情况后当场表示不满意，她认为修复痕迹太过明显，破坏了房屋的整体美观，要求小李再次修复。小李表示已经请了当地口碑最好的维修公司施工，为此花了不少钱，房子也不会再漏水了，不会影响小张及家人后续的居住，因此委婉拒绝了小张。小张越看越觉得难看，心里有点憋屈，甚至隐隐有了不再购买的想法。

过了几天，小李告知小张，他已经向银行申请了提前还贷，也请

小张尽快向银行提交贷款申请。于是小张让丈夫小刘提供收入证明，以办理贷款。没想到小刘支吾半天，为难地告诉小张他前两天遭到公司裁员了……

小张两眼一黑——丈夫突然没了收入，凭自己的收入最多贷款20余万元，剩下的钱只能自行筹借，先不论能否借到这么多钱，就算是借到了，70多万元的债务，凭她一人怎么还得起？一想到要靠自己的收入支撑起全家的开销，还要偿还一大笔的房贷，小张焦虑得无法入眠。

夫妻二人商量了一夜，最终决定放弃购买。她把丈夫小刘失业的事告诉了小李，希望小李能够体谅，双方和平解除房屋买卖合同，但小李没有同意。小李宽慰小张，劝小张放松心态，顶住一时的压力，小刘一定很快就能找到工作。但家庭生存的压力一时间全部压在了小张身上，小张并不持乐观的态度。

看着合同中"三次申请贷款被拒，双方无责解约"的条款，小张突然计上心头：如果自己也开不出收入证明，那银行肯定会认为他们都没有还贷能力，会拒绝批贷……到时候自己再主张无责解约就可以了。毕竟工作没了还可以再找，但一旦背上房贷，就是几十年的事情。对比过风险系数的小张，第二天便向现在的公司提出离职，第三天便办理完结了离职手续。

果然，三家银行见小张夫妇均无法提供收入证明，便纷纷以申请人收入水平不足以还贷为由，拒绝批贷。

小张拿着三家银行都拒绝批贷的结果再次与小李沟通解约。小李听到小张的说辞，心中满腹疑问：怎么小刘前脚刚被裁员，小张后脚就申请离职？她难道不怕家庭开支没有着落吗？正常情况下，任谁都不会这么做的，这事儿一定还有隐情。

小李直接向小张表达了自己的怀疑，询问小张是不是故意离职的。小张表示自己离职只是出于职业发展的考虑。虽然小张明确表态，但是小李并不信任她，心中的疑惑一直没有打消，解约这事儿也就一拖再拖。

为了尽快解除房屋买卖合同，小张将小李诉至法院，请求法院判决：房屋买卖合同解除，小李返还60000元定金，并承担小张的诉讼费等各项支出。

本就满腹疑问的小李当即向法院提出反诉：认为小张恶意违约，要求判决小张承担违约责任，支付违约金228000元（房屋交易总价的20%）。

为了查明真相，法院来到小张的前公司了解情况，该公司的人事主管表示：该单位职工离职正常流程是需要提前一个月申请，且前几天，小张还向公司询问有没有机会重新入职。

经过审慎调查后，法院认为：小张明知房屋买卖合同需要履行，也明知申请贷款需要提交收入证明，却在其丈夫小刘被裁员、家庭收入来源减少的情况下，仍然主动离职，且没有按公司常规流程办理离职手续，而是要求公司在她提出离职的第二天便解除劳动关系。综合全案情况来看，小张的这一系列行为既不符合常理，也有违积极履约的要求，可以认定小张以不正当的方式故意让贷款审批不通过，属于恶意违约，应当承担违约责任。

最终，法院判决解除房屋买卖合同，小李无须返还相应定金，并酌定小张向小李支付 40000 元违约金作为赔偿。

本案中的小张妄图逃避合同约定的贷款申请义务，无责解约，却不想弄巧成拙，既丢了工作，又被判违约，折腾一番后不仅没能帮家里减轻负担，反而让已经跌入困境的家庭经济情况雪上加霜。自作聪明、恶意毁约的行为并不可取，生效的合同具有法律约束力，交易双方都应当谨慎遵守。

风险提示

上述案例中，小张的买房计划在贷款环节惨遭折戟，最终付出了沉痛代价。这充分说明，贷款环节存在较高风险，交易双方对此都应有所预期，并引起足够的重视。

小贝在此提醒广大消费者，为避免在贷款环节"踩坑"，务必做到：

1. 勿轻信他人承诺。银行等贷款机构是否同意发放贷款，受到诸多因素的影响，包括宏观信贷政策、购买方自身的资信情况、交易房屋的状况、出售方的配合度等。信贷政策可能随房地产市场环境的变化而调整，贷款机构对购买方资信情况的要求也不尽相同，这些复杂因素叠加在一起，使贷款能否顺利获批呈现出不确定性，即便是专业的贷款顾问，往往也只能基于过往经验提供建议，并不能保证其意见与贷款机构的实际审批结论完全一致。

因此，交易双方都需要注意，不要轻信他人关于贷款的承诺，贷款审批意见应当以贷款机构的审核结论为准，避免过于乐观地预估贷款成功概率，影响后续的交易流程。

2. 通过合同条款灵活应对贷款被拒。鉴于贷款审批结果存在不确定性，交易双方在签订房屋买卖合同时应预先考虑各种可能性，提前做好应对安排。买卖合同中应当明确购买方未能成功办理贷款时的应对措施，如更换贷款机构重新申请贷款等。同时，还应协商约定贷款申请最终遭拒时的解决方案，如双方可以无责解约或由购买方转为全款买房等方式。

双方应根据自身实际情况，审慎评估合同条款，确保合同的安排具有一定的灵活性，避免盲目承诺造成无法履约，进而承担违约责任。

3. 沟通配合才能共赢。申请贷款是双方共同的合同义务，购买方固然需要提供必要的资料，出售方的配合也不可或缺，如在贷款面签①、房屋评估②等关键环节，为此，交易双方都应全力以赴，共同争取成功批贷的结果。购买方应当保持良好的信用记录，避免签约后自身资信情况恶化或新增债务，导致申请被拒；出售方也应积极配合提供各项资料，并协调房屋内实际居住人配合房屋评估。刻意改变婚姻、收入情况，新增大额负债恶意寻求贷款审批不通过的结果，或借故拖延不配合办理贷款申请，都可能因对交易设置障碍而被视为违约，最终承担违约责任。须知，诡辩和耍小伎俩无法逃脱法律的慧眼，充分沟通、密切配合才是履行合同的正当之道。

---

① 购买方与银行或其他金融机构的贷款官员面对面进行的会谈。在这一过程中，贷款官员会核实购买方的身份信息、收入证明、资产状况等关键信息，以确保购买方具备偿还贷款的能力。这一过程通常也需要出售方参加并提供资料。

② 在个人住房商业性贷款活动中，银行为了知道合理的抵押价值，会委托信任的房地产评估机构进行评估，为其确定房地产抵押贷款额提供参考依据。评估价值一般比成交价值低。

专题二十五
消失的购房款

房屋交易过程中，涉及的资金数额通常较大，购房资金的安全性是买卖双方最为核心的关注点。如果购房资金在交易环节出现风险或者漏洞，可能导致交易无法完成，不仅购房者可能陷入既失去资金又无法获得房屋的困境，而且售房者可能面临最终无法及时拿到相应资金的风险。本专题希望通过以下案例，提示交易双方在购房、售房过程中，仔细审核合同条款，关注交易资金的流向，确保交易资金的安全。

案例一

支付房款需谨慎，警惕他人耍花招

2023年1月9日，小李和小张签订了房屋买卖合同，小李将自己的房屋以52.8万元的价格出售给了小张，合同约定：

1. 小张应于签合同当天向小李支付购房定金50000元，剩余购房款小张应通过银行资金存管的方式向小李支付；

2. 交易房屋存在一笔金额为430000元的抵押，小李应于2023年2

月 15 日前注销抵押登记；

3. 小李和小张应于 2023 年 2 月 15 日前签订网签合同。

当天签约完成后，小张即通过银行转账，将 50000 元定金支付给小李。

后来，小李以没有资金偿还 430000 元的抵押为由，与小张协商，达成口头上的约定，让小张将 430000 元的购房款也直接转账给自己。小张这个时候还没意识到，风险已经悄然来临了。

2023 年 1 月 16 日，小张通过多方筹集，将 430000 元又转账给小李，小李也向小张出具了收条，写着"今收到小张购房款现金 430000 元整，此款项用于房屋解抵押还款"。

小张拿着收条，开始畅想拿到房子后要如何装修。

但是，到了双方约定的签订网签合同的时间，小李却消失了。

经过向中介打听，原来小李拿到这笔 430000 元的房款后，根本没有去偿还那笔 430000 元的抵押，而是又以卖给小张的这套房子为抵押物，向一家小额贷款公司借了 300000 元。

小张听到这个消息后，很是无助，于是通过中介不断地催促小李配合办理手续，但是均被小李以各种理由推托掉了，到最后根本找不到人。

2023 年 3 月 7 日，中介告诉小张，小李因资不抵债，买的那套房子被法院查封了。

此时，小张才发现自己掉进了坑，愤然将小李诉至法院，请求法院判决：解除房屋买卖合同，小李全额返还购房款并支付违约金。

法院经审理认定，小李确实没有按照房屋买卖合同约定的时间办理网签手续，而且签约后以交易的房屋为抵押物，设立了新的抵押权，确实构成违约。法院支持了小张的诉讼请求，判决小李应当返还小张支付的全部款项，另外再支付40000元的违约金。

小张拿着一纸胜诉判决，却怎么也高兴不起来，因为小李已经无力偿还任何款项，而且交易房屋已经设定了抵押权，即使房屋被拍卖，拍卖款项也会优先用于偿还抵押[①]，小张支付的购房款根本没有办法追回来。小张的合法权益虽然受到了法律保护，但不知道这条讨债之路的尽头会在何方。

案例二

引导你先付款后签合同的，大概率是骗子

2020年11月，小张通过一家中介门店看上一套称心的二手房，准备购买。但是中介的门店店长老孙告诉小张，要买这套房子，需先支付定金和中介费，才能和业主见面聊。小张看着老孙比较憨厚，又是店长，心想一定不会出什么岔子。

于是，小张直接向老孙支付了50000元的定金和5000元的中介费。老孙收到这笔钱后，也向小张出具了盖有该中介财务专用章的收据。

毫无防备的小张并不知道，这是老孙施行的一场蓄谋已久的诈骗。老孙因为赌博负债累累，便想到了利用自己所在的中介门店骗取资金以缓解高利贷的压力。小张看上的这套房子，正是老孙租下来后，伪造成二手房源向他推荐的。

[①] 根据《民法典》第三百九十四条的规定，为担保债务的履行，债务人或者第三人不转移财产的占有，将该财产抵押给债权人的，债务人不履行到期债务或者发生当事人约定的实现抵押权的情形，债权人有权就该财产优先受偿。即抵押权优先受偿。

没两天，老孙就找人冒充业主，与小张在中介门店签订了"房屋买卖合同"，签完合同后，老孙以需要中介公司监管购房款为由，哄骗小张将200000元的购房款支付到自己的个人账户。当小张询问为什么不是打给公司账户时，老孙回答由他代为办理手续会节省小张的时间。小张这个时候仍然信以为真，按照老孙的指示如期进行了转账。

转账完成后，小张找老孙推进交易流程，就再也找不到人了。

小张这个时候才意识到自己被骗了，于是赶紧向警方报案。老孙很快被捉拿归案，但是小张的钱款却早已用于还债。

2023年7月，法院作出刑事判决，老孙因诈骗罪被判处有期徒刑九年九个月，并处罚金5万元，同时判决他退赔小张255000元。看似坏人得到了应有的惩罚，故事画上了曲折但圆满的句号，但在判决的执行过程中，因老孙名下已无任何财产，法院终结了执行程序，小张的房款一分都没拿回来。

于是走投无路的小张直接将中介公司诉至法院，要求中介公司来赔偿这255000元及利息。

法院经审理认为，老孙作为中介公司的管理人员，在门店的办公场所以中介的身份收取小张255000元，并促成小张签订房屋买卖合同，小张有理由相信老孙的行为系职务行为。该中介公司作为老孙的工作单位，对老孙所在的门店和老孙疏于管理，导致老孙借助工作便利，骗取小张财产，对小张的损失负有责任。但小张未将钱款支付给中介公司，而是支付给老孙个人，存在疏忽，对因此造成的损失也存在一定的过失。

因此，法院判决该中介公司承担小张损失的60%，即153000元；

剩余40%的损失应由小张自己承担。

历时三年，小张终于挽回了一部分损失，但是，也为自己的疏忽付出了不小的代价。

案例三

存管账户要认清，随意转账会被坑

2021年6月，小张经某中介公司介绍，以850000元的价格购买了小李的房子，双方约定：

1. 房款通过银行资金存管的方式支付；

2. 房屋实际存在抵押660000元，小李应自筹资金办理解押手续。

合同签订当日，小张通过银行资金存管的方式支付了定金160000元，大家共同核实产调单无误后，该笔定金解冻后给了小李。

2021年10月20日，经纪人老孙告知小张，小李凑不够解抵押的钱，小张需要先支付370000元购房款帮助小李解押，不然会影响后续过户；可以先把这笔钱支付到门店的对公账户，门店再把这笔钱支付给小李。小张认为既然是对公账户，那应该没有什么不妥，内心又十分担忧房子真的过不了户，于是爽快地向中介门店的对公账户转账370000元，中介门店也出具了加盖门店公章的收据一份。

2021年12月29日，中介门店确实向小李支付了一笔房款让其用于房屋解押，但实际上只支付了270000元。

之后，小张又在老孙的引导下，向门店对公账户支付了购房款314000元，并通过微信向老孙转账购房款尾款2000元，老孙承诺会把小张支付的房款都安全地交到小李手上。

2022年1月14日，小张和小李办理了过户手续，房屋顺利过户至小张名下，但此时，小李只收到了160000元的定金和门店支付的270000元房款。过户后，小张要求小李尽快交房，自己好能尽快入住新房，但小李因未收到全部房款而拒绝交房。小张十分疑惑：自己已经付了全部的购房款了呀？小张告诉小李，自己已经把全部的购房款支付给了门店的对公账户，钱已经都交完了。听闻此事，小李决定直接找老孙交涉，但老孙开始装傻，推托说剩下的钱不在自己手里。

发生了这样的事，小张和小李都非常愤怒，小李觉得小张不应该草率地把钱直接支付给中介方，现在自己没有收到钱，小张难辞其咎；小张觉得自己已经付过钱了，房子也过了户了，小李应该赶紧交房，中介方不付房款，跟自己又有什么关系？因此双方产生纠纷。该纠纷实际上经历了多次诉讼：

2022年2月21日，小李以未收到全部房款为由起诉小张，要求小张支付剩余购房款420000元并支付违约金。法院经审理认为，小张已经把购房款支付给了中介门店，但是中介门店并没有向小李支付，该风险责任不应由小张承担，小李可另行与中介门店解决。因此法院未支持小李的诉讼请求，仅判决小张支付剩余的4000元（850000-160000-370000-314000-2000）购房款。

后因小李仍一直拒绝交房，2022年3月8日，小张又起诉小李与中介门店，要求小李限期交房并支付逾期交房违约金以及租金损失，并要求中介门店退还中介服务费。法院经审理认为，如果小张和中介门店存在违约行为，小李可以主张相应权利，但不应当以此为由拒不从房屋内搬离。房屋已经完成过户，中介服务已完成，小张请求中介方返还中介费无依据。因此法院判决：小李搬离房屋并支付违约金，驳回小张的其他诉讼请求。

判决生效后，小李如期履行，完成腾房，小张终于住进了新房。但小李就没那么好运了，他仍未能拿到应属于自己的购房款。

2023年6月13日，小李起诉了中介门店：要求中介门店赔偿房款损失。法院经审理认为：中介门店收取了购房款，在小李办理完过户、交完房后，应当向小李支付剩余房款。故，法院判决：中介门店向小李支付剩余房款416000元。

后来大家才了解到，原来老孙引导购房者把房款支付至中介门店对公账户的事情已经不是第一次了，小张只是其中的一个受害者，老孙一方面向以小张为代表的购房者营造出购房款已存管的假象，让购房者误以为中介门店的对公账户就是资金存管的账户，另一方面又以自己兼职门店财务管理人员的身份，直接把打入对公账户的房款挪到了自己的账户中，用于自己日常高额的消费，最终入不敷出，产生多起纠纷。

事情发生后，中介门店果断将老孙开除。与此同时，公安机关也对老孙展开了立案调查，老孙很有可能因涉嫌挪用资金罪被依法追究刑事责任，目前案件正在侦破中。

风险提示

小张的遭遇固然让大家觉得糟心，但是也充分说明，在购房、售房过程中，要充分考量交易风险，在交易过程中，务必提高风险防范意识，切忌抱有侥幸心理。

在这里，小贝建议广大消费者，务必做到：

1. 自己才是资金安全的第一责任人，切勿轻信他人的不当承诺。

2. 建议购房人将购房款通过正规的、有公信力存管的机构进行支付，如银行资金存管。切勿将购房款支付给除了业主之外的其他任何第三人账户，如经纪人个人账户；售房人也不要委托其他任何第三人来代收购房款。

3. 所有与房屋交易达成的约定，务必落实到纸面上，即签订书面的合同（包括电子合同），不要口头约定。

专题二十六

房主欠债未披露，房屋竟然被查封？

房产交易如履薄冰，稍有不慎便可能满盘皆输。都说房子和钱不出问题，房产交易便出不了大问题，但凡房子或钱出了问题，往往都是大问题。但买房并不只是一手交钱一手交房那么简单。

本专题希望通过以下案例告诉消费者：在房产交易过程中，信息的全面掌握与如实披露至关重要。购买方不可轻信口头承诺，务必在签约前对房屋状况进行详尽核查，以防陷入未知风险；而出售方也应妥善处理自身债务，如实披露房屋的抵押等关键信息，否则可能陷入违约的泥潭。

案例

大额欠债未披露，签后查封阻交易

2019年9月23日，经某中介公司经纪人小王的撮合，小张准备购买小李的房屋。

签约前，小张和小李坐在一起洽谈交易事宜。小李告诉小张和小王，自己当时买房的时候是贷款购买的，现在贷款还没还清，房屋还存在一笔金额为1800000元的抵押，抵押权人为某银行；除此之外，房屋不存在任何其他的抵押。

小张和小李白天都要上班，所以二人约了晚上的时间进行沟通。交谈中，经小王提醒，小张提出要查看交易房屋的产调单，但如果要查看产调单，需要前往不动产交易中心打印，第二天才能拿到。小张不想第二天再来一次，而且一直对小李印象很好，觉得他十分真诚，于是决定相信小李的说辞。当日，二人成功签署了房屋买卖合同，房屋买卖合同中约定：

小李将房屋以2700000元的价格出售给小张，该房屋存在一笔金额为1800000元的抵押，抵押权人为某银行，金额为1800000元；小张应将首付款支付给小李用于房屋解抵押，不足部分小李自行补齐。

签约后，小张按照合同约定，通过资金监管的方式支付了首付款。

11月26日，小张和小李共同来到银行办理解押手续。然而，二人却在此时得知：房屋在两日前被法院查封了！原因是小李存在其他个人债务没有及时偿还，被债权人起诉了，债权人同时向法院提出申请，法院查封了小李的房子。小李暗叫不好，担心的事情还是发生了。

面对小王和小张的追问，小李这才承认，自己的财务状况不佳，打算卖给小张的这套房子，实际已经在签约前做了二次抵押，也就是说，除了合同明确注明的1800000元银行抵押欠款以外，房屋还有一笔高达1350000元的抵押欠款，抵押权人为某贷款公司。两次抵押的总额高达3150000元，甚至已经远远超过房屋成交价。

小张十分震惊，觉得自己受到了欺骗。小张原本购房的初衷是希望尽快落户，不影响小孩第二年上学；如今面临如此巨大的交易风险，小张当场提出小李存心欺诈，有意隐瞒债务情况，必须立即解除合同。

可小李坚持声称自己的资金马上就能周转过来，小张可以放心按原合同约定继续履约，他会想办法第一时间处理查封问题。面对巧舌如簧的小李，小张只觉得再无法继续信任他，直接将小李诉至法院，要求解约，小李支付自己违约金。

法院经审理认为，小李隐瞒房屋存在大额抵押的事实，导致签约后房屋被法院查封，构成根本违约；现合同无法继续履行，法院支持合同解除；小李需支付小张540000元违约金（房屋成交价的20%）。

面对如此高额的违约金，小李根本无力偿付，小张只能开启漫漫执行[①]路。值得庆幸的是，小张当初是选择通过资金监管的方式支付的首付款，因此，法院判决双方签订的房屋买卖合同解除后，小张支付的首付款就回到了自己的账户。

表面上看，小李的失信行为没有给小张造成直接的损失，但因为房价上涨，小张看好的学区房价格早已攀升到他无法承受的地步，小张买房的梦想也变得遥遥无期。

风险提示

小张悲催的买房结局，令大家唏嘘不已。小贝在此温馨提示：房产买卖不同于其他小额交易，有人一生可能也只买一次房，并没有太多试错机会，因此，怎么小心都不为过。

作为购买方，当你看中一套称心如意的房子后，一定要在签约前仔细核验房屋是否有查封、抵押等限制交易的情形，切忌听信出售方

---

① 详见文末小贝普法。

的一面之词：如果房屋处于查封状态，请坚决拒绝交易；如果房屋抵押欠款过高，那么购房风险将激增，建议谨慎思考是否要继续购房。这些都是出售方自身财务情况不佳的信号。

同时，小贝也建议出售方谨慎处理好自身债务，在签约前如实披露房屋全部的抵押情况以及其他可能影响房屋交易的情况，避免在签约后因房屋被查封导致履约不能，承担违约责任。

小贝普法

什么是"执行"？

执行是指将法律文书（如法院判决、裁定、调解书）所确定的内容付诸实现的过程。根据《民事诉讼法》（2023修正）第二十一章的规定，我国人民法院强制执行的通常方法和手段有以下几种：扣押、冻结、划拨被申请执行人的存款；扣留、提取被执行人应当履行义务部分的收入；查封、扣押、拍卖、变卖被执行人应当履行义务部分的财产；搜查被执行人隐匿的财产；强制被执行人交付法律文书指定的财物；强制被执行人迁出房屋或者退出土地等。

专题二十七
口头约定说不清，赔了夫人又折兵

房屋交易过程中，买卖双方为了交易的履行，往往会通过口头的方式约定一些交易细节，这些口头约定看似便捷，实际上却常成为纠纷的导火索。不同于书面约定的严谨与规范，口头约定随意性较大，存在诸多风险。一旦双方对约定内容有不同记忆或一方故意反悔，就会出现"公说公有理，婆说婆有理"的局面，这时便难以证实约定的真实情况；且口头交流相对随意，对于复杂的房屋交易来说，如交房时间、房屋质量要求等关键事项若不够明确具体，容易在履行时因理解差异引发矛盾。再者，随着时间流逝，人们很可能遗忘口头约定的具体细节，尤其是在交易持续时间较长的情况下，这无疑大大增加了纠纷产生的可能性，给双方带来诸多困扰与不确定性。

本专题希望通过以下案例，提示交易双方在购房、售房过程中，重视书面约定，写明交易细节。只有确保合同内容的明确和规范，才能有效预防纠纷的发生，保护双方的合法权益。

专题二十七　口头约定说不清，赔了夫人又折兵

> **案例**

口头约定不明确，易有歧义需谨慎

2021年2月，小张准备购买小李的房子，二人签署了房屋买卖合同，合同约定：

1. 小张的贷款申请如经贷款机构审批通过，买卖双方须在后3个工作日内办理过户手续；

2. 小李在收齐全部购房款后3日内，将房屋交付小张。

但签约之后过了一个多月，小张还没有办理贷款，小李有些着急了，自己初创的公司急需现金周转，晚一天公司倒闭的风险都会加大几分。于是，2021年3月2日，小李通过微信询问小张为什么这么长时间还没去办理贷款。

原来，小张名下尚有另外一套房屋未结清贷款，小张须还清贷款后才能办理本次交易的贷款申请。但小张表示，自己的钱已经筹得差不多了，这两天就能申请贷款了。

3月4日，小张告诉小李另外一套房屋的欠款已经结清，约小李共同去银行办理贷款手续。提交完资料后，小李询问银行的工作人员大概什么时间可以办理过户，工作人员回复称通常提交贷款申请后15天就能有结果，审批通过后，随时可以办理过户。

小李非常满意，和小张说："那我们就月底完成过户吧，过户完成后只等银行放款就行了。"小张表示同意。

没想到，到了月底，小张的贷款审批还没有通过。在这期间小李不断地催促小张尽快配合办理过户，小张也不断地打电话给银行询问

进展，但直至 4 月 8 日，银行才告知小张贷款申请已经通过了。

小张赶紧告诉小李这个好消息，询问小李这两天是否有时间办理过户手续，没想到小李却当场表示自己是不会配合过户的。小李在电话中愤怒地表示，明明他们已经约定好 3 月底可以办理完成过户，小张却一直拖延办理，已经构成严重违约。

小张很不理解，也觉得很委屈，房屋买卖合同约定的是待其贷款审批通过后办理过户，虽然二人曾有过口头约定月底办理过户，但银行何时审核批贷也不是小张能左右的，自己一直积极准备材料，其间还多次催促银行，怎么到头来会被说是违约？

无奈之下，小张于 2021 年 5 月 7 日向小李发送了催告函，催告小李尽快办理过户，小李未做任何表示；次日，小张向小李送达了律师函，要求小李予以配合，小李仍置之不理。

小张无计可施，只得向法院提起诉讼，请求法院判决：小李协助办理过户手续，交付房屋给小张，并由小李支付逾期办理过户、交房手续的违约金。

庭审过程中，小李抗辩二人曾达成过口头约定，办理过户的时间是 3 月底，小张未能及时办理，是小张违约在先。但由于小李未能提供任何有效证据，法院对此说法未予采信。

法院经审理认定，根据房屋买卖合同的约定，小李、小张均同意过户的前提是贷款审批通过，现贷款审批已通过，双方约定的过户条件业已达成，小李在这种情况下拒绝履约的行为构成根本违约。法院酌情认定小李应支付小张违约金 15000 元，小李在支付上述款项后仍须配合过户及交房。

小李最开始是因为急用钱而决定卖房，尽快过户对他而言意味着尽快变现，因此小李总期盼着尽早过户。但他没有想到，因为没将口头约定好的事情落实到纸面上，不仅自己尽快过户的愿望没能实现，最终还承担了违约金。

风险提示

在这里，小贝温馨提醒广大消费者：一份条款清晰、约定明确的书面合同是双方权益的重要保障，也是日后解决纠纷的重要依据，白纸黑字落到纸面上的约定是最安心的。交易双方在订立书面的房屋买卖合同时，写明房屋的基本信息、交易价格、付款方式、过户时间等关键细节，做到有据可依。在交易过程中，双方如果对房屋买卖合同有任何的变更或补充，都应该通过书面的方式予以明确，这样便能有效地避免仅依靠口头约定而引发的歧义或争议，使交易过程更加顺畅、安全、可靠。

专题二十八
一房二卖不可取，投机心理终成空

二手房买卖的交易周期较长且流程烦琐，从双方订立房屋买卖合同到办理完毕过户登记，往往要经历不少时间，在此期间，交易房屋的价格可能因市场环境的变化出现涨跌波动，导致房屋价值上升或下降。部分出售方观察到房屋价格上涨，可能受更高利益的驱动，冒险把房子卖给多个购买方，进而引发"一房二卖"的违法情形。遭遇"一房二卖"，购买方可能陷入经济损失和法律纠纷的双重泥潭。

本专题希望通过以下案例，提示交易双方在购房、售房过程中，警惕"一房二卖"风险。购买方应尽量亲自实地查验房屋，对出售价格明显低于市场价的房屋、已经有人入住的房屋，应更全面、谨慎地了解房屋产权归属情况；同时，尽量缩短交易周期，积极督促出售方协助办理网签、过户手续，不给出售方"一房二卖"的可乘之机。对于出售方而言，也应诚信售房，切莫存有侥幸心理，须知"一房二卖"的行为可能引发返还购房款，直至赔偿损失等违约责任，最终得不偿失。

案例一

又来了出价更高的新买家，要不再卖给他？

2019年9月，准备卖房的小李将自己的房子发在了某社交平台上，准备买房的小张看见了小李发布的售房信息，对房子十分满意，计划买下，于是迅速添加了小李的微信。

小张向小李表明了自己的购房意愿后，小李为难地表示，自己已经在9月13日和另外一位想要购房的买家小赵签订了房屋买卖合同，房子已经卖出去了，并且已经办理完毕网签手续。

小张思虑再三，仍决心买房，并且开出了比小赵更高的价格，小李心动了。小张提议，可以与小赵协商解约，撤销网签，并赔给小赵一点钱；因为小张给出的价格比较高，即便这样小李也稳赚不赔；小李经权衡后欣然应允，表示会竭尽全力尽快与小赵解除房屋买卖合同、撤销网签，一心与小张交易。

2019年9月23日，小张和小李签订了房屋买卖合同，二人在合同中明确约定：

1. 房屋成交价为4700000元；

2. 小李和小张签订的房屋买卖合同的履行，必须以小李和小赵签订的房屋买卖合同已经解除为前提条件。

签约后，小李找到小赵，表示家里出了点事，不准备继续出售房屋，并表示愿意补偿小赵20000元，希望小赵能同意与自己和平解约。

但事与愿违，小赵也铁了心要买到这套房子，坚决不同意解约，还通过发送律师函、诉讼等方式向小李施加压力；小李再三与小赵沟通，希望小赵放弃买房，小赵仍然拒绝。拉锯了一段时间后，小张也有点不耐烦，告诉小李不愿意等他解决完这堆烂摊子了，要放弃买房；小赵也始终不松口。小李深感无力解决眼下的困境，又因为急于用钱，需要尽快卖掉房子变现，最终选择与小赵继续履约，并于2019年11月25日完成了过户，房子过户到小赵名下。

得知这一情况的小张很不甘心，认为小李故意"一房二卖"，已经构成严重违约，于是将小李诉至法院，请求法院判决：解除房屋买卖合同，小李向小张支付房屋成交价的10%（470000元）作为违约金。

法院综合全案情况认为：小张明知小李曾与小赵签订过房屋买卖合同并已经办理了网签手续，也均明知本案的房屋买卖合同的履行必须以小李与小赵签订的房屋买卖合同得以解除为条件，而合同是否能顺利解除存在很大的不确定性。基于此，小张却仍然选择与小李签约，最终导致二人之间的房屋买卖合同因小李未能成功与小赵解约而无法履行。本案小张和小李均存在过错，但小李的过错大于小张，因此法院酌定小李向小张支付赔偿款15000元。

小张拿着判决书，虽心有不甘，但由于自己确实也有过错，最终没有选择上诉。只能说，小张吃了心急的亏，他没有耐心等到小李和小赵解除购房意向合同、彻底清除交易障碍便执意签约，最后只获得15000元的赔偿，不仅买房希望落空，还费时费力深陷诉讼泥潭，这对小张来说确实是一个大大的教训。

案例二

房子已抵债，你就不要再买了

2021年4月，小李通过微信朋友圈挂出一套140平方米的房屋，声称急需用钱，能接受降价出售，将房屋标价为1400000元（当时市场价为1980000元）。低廉的价格很快就吸引来众多感兴趣的购房者。

2021年7月，第一位购房者因无法顺利批贷，与小李解除了已经签署的房屋买卖合同；至此，小李觉得等待购买方走批贷手续很麻烦，于是再次表示如果有购买者能全款购房，房价可以降到1250000元。这成功吸引到第二位购房者小张的注意。

小张一心希望自己即将读高中的儿子能够进城上学，便开始了自己的买房大业，看到小李发布的信息后，马上意识到这房子在同区域算非常便宜的，觉得"捡到宝了"。

2021年7月26日，小李带小张看房，小张对房子的各方面都挺满意，只是屋内还有租客居住。租客表示房子是从托管公司租到的，如果房主要卖房，会配合搬离。小张不太放心，于是和租客要了托管公司的电话，回家后打电话向托管公司核实。托管公司表明房屋托管协议是和小刘签的，房子也是小刘放在托管公司出租的，如果要卖房，可以配合协调租客搬离，并与小刘解除托管关系。

小张立即给小李打电话询问小刘是谁，小李愣了一下，立刻表示，自己曾经欠小刘的钱，一时间还不上，于是把房子给小刘使用，这一使用就是很多年。小张十分担忧小刘不会配合解除和托管公司的托管协议，但小李表示现在自己已经有足够的能力还钱，而且这件事已经和小刘沟通过，小刘肯定会配合，让小张不要担心。

于是次日，小张和小李便签订了房屋买卖合同。经对房屋售价进行商谈，小李最终将自己的房屋以 1170000 元的价格出售给了小张，小张通过自筹部分资金，并向 3 位朋友借款 800000 元，凑齐了 1170000 元购房款。双方在房屋买卖合同中约定：

该房屋是由小李的债权人小刘出租给承租人，因租约引发的问题由小李负责解决。

2021 年 8 月 31 日，小李和小张办理完过户手续，小张顺利领取到房本，并支付完成全部购房款。

2021 年 9 月 2 日，小李的债权人小刘起诉小李，并把小张追加为第三人。收到传票的小张还没弄明白是怎么回事，9 月 7 日，还没住热乎的房屋就被法院查封了。小张一头雾水，感到非常诧异：小李不是说了会妥善处理自己的债务吗？怎么现在事情变成了这样？

原来，小李当年为了抵债，并不只是把房子给小刘使用，而是直接和小刘签订了合法有效的房屋转让协议，这一协议早在 2013 年就已经签署；由于小刘不常生活在国内，就一直没有办理过户手续，把房子交给托管公司出租。通过托管公司得知小李另行卖房的小刘二话不说选择了诉讼，请求法院撤销小李与小张于 2021 年 7 月 27 日签订的房屋买卖合同，将房屋另行过户给小刘。

法院经审理认为，小刘合法占有房屋在先，小张买房并办理过户在后，此案属于小李"一房二卖"。小李固然存在过错，但小李和小张的房屋交易价低于市场成交价的 70%，是明显不合理的低价，小张明知房屋已由小李的债权人小刘实际占有并对外托管出租，却并未引起注意，也未进一步核实小李与小刘之间的债权债务情况以及房屋权属情况,自身有很大的过失。最终,法院判决撤销小李与小张签订的房屋买卖合同,并要求小李配合将交易房屋过户给小刘。

自己借了钱全款买的房到最后竟然不属于自己,小张实在无法接受,于是前后向市中级人民法院提起上诉、向省高级人民法院申请再审,但无奈均被裁判驳回,维持一审法院判决。

长达三年的诉讼让小张精疲力竭。自己辛苦买的房子既然被判归属他人,那只能让卖房给自己的小李来承担自己的损失。2023年7月10日,在律师的协调下,小张与小李签署还款协议,约定:小李应向小张返还购房款,并承担诉讼支出,共计1142000元,每半年支付一次,分五次还清。小李在向小张支付了部分款项后,便以暂时没钱为由不再支付。

小张多次催讨无门,委托律师于2024年5月14日提起诉讼,请求法院判决:小李继续支付还款协议剩余应还金额1000600元。2024年8月15日,法院判决支持了小张的诉讼请求。

这次,小张终于拿到了胜诉判决,却发现已无法联系上小李,小张只得委托律师申请对小李强制执行。然而,小李已无可执行资产,小张的损失至今仍然无法得到弥补。

风险提示

小张的购房经历一波三折,属实让人揪心;但小张的经历也提醒消费者要充分留意"一房二卖"的问题。小贝建议,为避免遭遇"一房二卖"、钱房两空的困境,消费者务必做到:

1. 在签订合同之前，对出售方的身份、履约能力、房屋出售记录、产权情况、居住和使用现状等进行全面调查，重点核实房屋是否有出售记录、房屋买卖合同备案或网签记录，是否存在诉讼或法院查封等权利限制，房屋是否被他人占用，是否存在租约等。此外，出售方欠债同样可怕，应核实好出售方是否有影响房屋交易的对外债务，如有，请务必向出售方核实房屋有无以物抵债的情况。

2. 关注房屋的市场成交价格，对低于市场价的房屋提高风险意识，对明显低于市场价的房屋尽量不碰，高度警觉，切勿因为贪小便宜吃大亏，宁可等待，不可妄买。切勿轻信出售方会解决债务的承诺，应拿到出售方已解除债务或所购房屋已解除其他合同约定的书面凭证，再决定是否购买房屋。

3. 最后，出售方应当秉持诚信理念，切莫存有侥幸心理，为蝇头微利"一房二卖"，引发违约责任。

专题二十九

物业交割"坑"不少，风险意识要提高

"购得理想居，陪着伴侣过"是每个购房者的目标，这一美好目标需要物业交割[①]这一环节顺利完成才能实现。物业交割的顺利与否将直接影响购房者的购房体验，更会影响后续居住的观感。遗憾的是，这一环节往往因为时间紧迫、细节繁复，加之买卖双方存在信息差，从而成为争议与纠纷的频发之地。

本专题将通过以下案例帮助消费者识别物业交割过程中的风险，以便消费者能够合理安排交割流程、合法维权、减少诉累，避免损失。

案例一

我好好的红木家具去哪里了？

2021年，小李把自己正在居住的房子挂在了某社交平台上，准备出售。某天，小张无意间刷到了小李发布的帖子，被小李上传的房屋图片中的红木桌椅所吸引：这套红木桌椅色泽鲜艳、花纹美丽，酷爱

[①] 物业交割，是指在房屋过户完成后，出售方与购买方需要进行的一系列手续和费用的结算，包括水费、电费、煤气费、有线电视费等与房产相关的费用，并进行固定资产的移交。

收集文玩的小张一眼就看出这是难得一见的上乘佳品。

于是小张立刻联系小李询问：如果自己买房的话，这套红木桌椅能否一起给自己。小李有些为难，这套红木家具来之不易，实在是有些不舍；但房子挂到网上已经有一段时间了，还没有卖出去……此刻，小李卖房的需求也很迫切，于是告诉小张：房屋包含红木桌椅的售价为7060000元，不包含红木桌椅的价格为6800000元；也就是说，这套桌椅价值20多万元。小张觉得一套优质的红木桌椅也确实值这个价格，于是欣然应允。

2021年5月30日，小张和小李签订了房屋买卖合同，二人在合同中约定：

房屋成交价为7060000元，小李将房屋内的红木桌椅留存给小张；二人于11月26日办理物业交割手续。

房屋过户至小张名下后，小张按约定支付了全部的购房款。但没想到，收到全部购房款后的小李，竟毫无契约精神地把红木家具搬走了！一开始，小李还说一定会在11月26日前把家具完好无损地还回来，但一直到12月，小李也没有把家具送回；实际上，小李已经动了不把桌椅送回来的念头。小张再三催促，好话赖话说尽，表示小李再不送还桌椅的话，自己会诉诸法律手段维权。小李有些害怕，万一吃了官司，自己肯定不占优势，于是，小李在12月26日匆匆交回了红木桌椅。在搬运过程中，红木桌椅被划伤，布满划痕。

看到伤痕累累的红木书桌，小张知道这套桌椅得贬值不少，自己还是为了这套桌椅才买的房，实在是亏大了！小张已经不想去问这套家具到底经历了什么，直接将不守信用的小李诉至法院，请求法院判决：小李赔付红木桌椅的贬值损失，并提交了小李当初发布在社交平台的红木桌椅的照片作为证据。

法院经审理认为，小李虽然已经交付了红木桌椅给小张，但红木书桌移交后与移交前对比，确实存在明显的损坏痕迹，这显然不符合交付标准；鉴定机构也对红木书桌的贬值损失出具了鉴定意见，贬值损失约为 23000 元，这部分损失应该由小李承担。因此法院判决小李支付小张红木家具贬值损失 23000 元。

小张看着伤痕累累的上好家具，心疼不已，联系了多位修复专家，希望能够恢复这套家具的昔日风采。

案例二

承诺减免 10 年的物业费，能信吗？

2019 年 5 月，看了几套房子的小张决定购买小李的房子，原因在于小李的房子虽然是二手房，但是从未居住过，是毛坯房。小张觉得这套房子既有新房比较"新"的优势，又有二手房地理位置优越的好处，十分满意；并且小李表示，自己买房的时候开发商曾经承诺减免 10 年的物业费，这笔钱也不少。

于是，小张和小李签订了房屋买卖合同，小李将自己的房屋以 4500000 元的价格出售给小张，二人在合同中约定：

1. 小李应在收齐房款后 3 日内向小张交付房屋；

2. 办理物业交割时，小李应将该房屋的水电气卡等移交小张。

2019 年 5 月 31 日，房屋过户到小张名下，过户完成后，小李就把房屋大门的密码告诉了小张，小张开始对房子进行装修。

| 安家： 99个故事教您买卖二手房

2019年6月5日，小张支付完全部的购房款。

第二天，小张和小李共同来到了房屋，准备办理物业交割手续。小李表示，当时物业承诺减免十年物业费的时候，给过自己一个凭证，可自己找了很久都没找到；但办理物业更名手续的时候可以问一下，物业管理中心肯定有记录。于是，二人共同前往物业管理中心办理物业更名手续。

然而，该小区的物业管理公司在小李购房后就发生了变更，新的物业管理公司根本不认可物业费减免的事宜，要求二人结清历史物业费，否则拒绝办理物业更名手续，也不会办理水电气卡的更名。听到新物业管理公司这样说，一时间，小张和小李都不同意承担这部分物业费。小李觉得买房的时候开发商已经明确承诺减免物业费，现在出现偏差是物业公司交接没做好导致的。小张更是觉得莫名其妙，小李把房交给自己之前，这些问题肯定要处理好啊！

自这之后，小李就在原物业公司和现物业公司之间不停地沟通、协调，还找到了开发商想要个说法。但由于小李也拿不出凭证证明开发商确实作出过减免物业费的承诺，自己的话无法印证，以致无人肯信。无奈之下，小李于2019年11月21日结清了交易房屋所欠物业费，房子物业更名至小张名下，小张拿到了新的水电气卡。

正当小李以为事情告一段落之际，却收到法院的传票。原来小张以小李逾期交付房屋为由向法院提起诉讼，要求小李支付逾期交房违约金371250元（违约金自2019年6月9日起至2019年11月21日止）。小张主张小李逾期交房的理由主要是：小李未在合同约定的时间内结清物业费并交付水电气卡，影响了自己对房屋的占有使用。

· 236 ·

法院经审理认为，物业交割与交房是两个不同的概念，完成物业交割手续并非交房的必要条件，不能以未履行合同约定的物业交割手续认定为逾期交房。该房屋为毛坯房且小李未实际入住，在小张获取入户密码时已合法占有交易房屋，并已经开始了对房屋的装修。虽然物业费用未结清导致小张没有拿到水电气卡，一定程度上对小张造成了不便，但这并不影响对房屋的占有使用。因此，法院认为小张知晓房屋入户密码时，小李就完成了交房，根据合同约定并不构成逾期交房，法院驳回了小张的诉讼请求。

经历一番波折后，小张与小李均认识到自身在物业交割理解上的不足。小张明白，尽管物业交割有纠纷，但小李按时交房并未违约；小李也庆幸法院作出了公正的裁决，同时意识到保留书面凭证的重要性；最终，双方握手言和。这场经历成为双方宝贵的教训，提醒他们在未来交易中要更加谨慎、理智。

案例三

公共维修基金有欠付，谁来补缴？

2021 年，小张准备在公司附近的和谐小区买一套房子，方便自己日常上下班通勤。经住在该小区的同事介绍，小张联系到了小李，小李正在出售自己在和谐小区的房子。同事表示，小李是和自己住在同一栋的邻居，两人的孩子还是一个班的，平时接送孩子的时候经常会打照面，人还不错，感觉挺实诚的。

于是，小张前后数次来到小李的房子看房，觉得房子各方面的条件都还不错，而且出售方小李是熟人介绍，也称得上是知根知底。因此，小张决定购买小李的房子，二人签署了房屋买卖合同。

签约前，小张突然想起来曾经听人说过有一笔钱叫作公共维修基金①，是全体业主共同缴纳的，这笔钱用来维修小区的公共部分；如果这笔钱没交或者没有足额缴纳，可能影响过户。于是，小张询问小李是否已经足额缴纳公共维修基金，并提出想要查看足额缴纳的凭证。小李承诺公共维修基金已足额缴纳，并且自己会把公共维修基金账户的余额无偿转移至小张名下。对小李没什么戒心的小张听到小李这样承诺，就放下心来，相信了小李的话。

签约后，小张陆续支付了全部购房款，双方按照合同约定的时间来到不动产交易中心，办理房屋过户手续。然而，工作人员却告知小张和小李，房子现在过不了户，原因是公共维修基金目前欠付3000元未缴纳，必须交了钱才能办理过户。

小张当即质问小李这是怎么一回事，小李还狡辩说：这笔钱自己肯定是足额交过的，也从来没人告诉自己公共维修基金存在欠缴，这中间大概是有什么误会吧……

事已至此，小张还觉得可能是小李记错了，于是要求小李承担这笔欠缴费用，尽快补齐。没想到，小李耸耸肩，表示这件事跟自己已经没关系了，劝小张要是想尽快完成过户的话，还是趁早把这笔钱交了。小张这才看清小李的真面目，之前自己真是被"熟人介绍"这个幌子蒙蔽了双眼，太轻信他了。于是，小张将小李诉至法院，要求法院判决小李承担公共维修基金的补缴费用。

---

① 公共维修基金，又称住宅专项维修资金，是指专项用于住宅共用部位、共用设施设备保修期满后大修、中修及更新、改造的资金，不得挪作他用。业主交存的住宅专项维修资金属于业主所有。

收到法院传票的小李慌了，没想到小张一点面子都不给自己，还真把自己告上了法庭。于是，小李连忙咨询律师的意见，律师表示，小李有义务按照国家规定交纳公共维修资金[①]，并应该在卖房时向小张说明公共维修资金的缴存和结余情况，并出具有效证明，剩余的公共维修资金也应当随房屋所有权同时过户给小张[②]。

听到律师这么说，小李老老实实补缴了欠付的3000元公共维修基金，和小张达成了和解。

案例四

看到的是智能马桶，怎么交给我的是普通马桶？

2021年，小张攒够了一笔钱，准备在自己打拼多年的城市给自己一个家。问了几个已经买房的朋友后，他发现购买二手房的性价比颇高，最主要的原因在于二手房可以实现"拎包入住"，免去了烦琐的装修流程。于是，小张找到某中介公司的经纪人小王，希望小王能帮自己推荐一些优质房源，最重要的是房屋要自带装修，最好还能有一些基础的家具，满足自己拎包入住的需求。

很快，小王就给小张推荐了一些带有装修且出售方愿意在房中留存基础家具的房源。看过一些房之后，小张看上了小李的房子，他很喜欢小李这套房子的装修风格，并且，小李表示会把房中的家具留给新主人，这正合小张的意。

[①]《物业管理条例》第七条规定，业主在物业管理活动中，履行下列义务：……（四）按照国家有关规定交纳专项维修资金……

[②]《住宅专项维修资金管理办法》第二十八条第一款规定，房屋所有权转让时，业主应当向受让人说明住宅专项维修资金交存和结余情况并出具有效证明，该房屋分户账中结余的住宅专项维修资金随房屋所有权同时过户。

几天后，小张和小李签订了房屋买卖合同，合同约定：小李同意将房屋附属设施设备清单①中载明的装饰装修、相关物品等一并转让给小张。至于具体都有哪些物品，小李表示，中介方曾经为自己的房子拍摄过 VR 视频，具体交接转让的物品可以以 VR 视频为准。

小张查看过 VR 视频之后，发现房中床、窗帘、衣柜、储物柜、各类厨具应有尽有，洗手间还配了一个很高级的智能马桶盖，看起来整个房子完全可以满足自己拎包入住的需求，并且居住质量不错，于是小张欣然应允；二人在房屋附属设施设备清单中约定："以 VR 视频为准。"

签约后，双方各自履约，房屋顺利过户至小张名下。

2021 年 1 月 3 日，小张和小李一起来到交易房屋中办理物业交割，小张看着干净整洁的房子激动不已，爽快地完成了物业交割手续，准备第二天就搬进来。

然而，待小张住进房子的时候，却发现看似干净整洁的房子有点不太对劲：好像有不少好家具被替换了。比如，自己明明记得 VR 视频显示卫生间的马桶配有一个智能马桶盖，但现在变成了普通的马桶盖；再如，原本卧室里有两个漂亮的大床头柜，但现在的床头柜尺寸可是"缩水"不少。小张意识到，肯定是小李偷偷把好东西给换成了劣质品，于是找到小李对质。

但是小李拒不承认，坚称签订房屋买卖合同时房屋就是这样的，还毫不客气地说小张是敲诈勒索。见跟小李也没什么好谈的了，小张便直接将小李诉至法院，认为小李构成违约，请求法院判决小李就替

---

① 该清单为房屋买卖合同的一部分，清单是买卖双方交接房屋中物品的依据。

换家具一事，弥补自己的损失。小李抗辩，二人已经完成了物业交割，交易已经完结，小张没有权利再提出异议。

法院经审理认为，虽然二人已经完成了物业交割，但根据 VR 视频可以明显看出部分家具与现状不一致，小李不能以此为由抗辩。要交接什么家具、家具的品牌是什么，这些虽然没有在房屋买卖合同中单独列明，但根据 VR 视频很明显可以看出：视频中的马桶盖是智能马桶盖，而房屋现在的马桶盖明显为低配马桶盖；视频中的储物柜是带拉手的高柜，但现在的储物柜是不带拉手的低柜……据此，可以推断小李确实替换了部分家具。

因此，法院认为小李存在违约行为，应当向小张返还被替换的家具。但由于小李不愿意归还，并且通过 VR 视频也无法辨认这些物品的实际品牌与实际价值，小张也无法证明原物品的实际价值，故法院酌情判决小李赔偿小张 2500 元的物品差价损失。

这 2500 元可买不到房子里曾经有的高级家具，小张心想自己之所以选择这套房子，就是因为被房屋的家具和装修所吸引，却高价买了低配，十分懊悔，要是签合同的时候不怕麻烦，把要交接给自己的家具的品牌、数量、名称都一一写清楚就好了。

风险提示

小贝建议广大消费者重视物业交割的风险，务必做到：

1. 签订房屋买卖合同时，一定要约定留存物业交割保证金[①]，为后

[①] 物业交割保证金：为了避免出售方拖欠居住相关费用（包括物业费、采暖费、水电燃气等费用）或恶意损害房屋，购买方在向出售方支付房款时预留的一部分尾款，待出售方结清所有居住相关费用、按照约定时间及条件移交该房屋以及确认房屋无明显损坏后再支付给出售方的价款。

期物业交割问题提供资金保障，防止在物业交割阶段因出售方不配合交割或者交割有瑕疵，而导致购买方陷入被动的境地，造成财产损失；同时，买卖双方应当在合同中完整约定需要交付的物品并确认物品照片，确保合同约定中物品、费用等内容与实际情况相符；切勿因怕麻烦而草草约定，导致后期出现问题需要维权时缺失合同基础。

2. 办理物业交割手续时，购买方一定要仔细核验房屋中固定的装饰装修，逐一核对约定留存的物品，仔细核查各项费用（如可以至物业处进行核验，并让物业出具结清证明），确保交付内容和合同内容完全一致时再完成物业交割。

3. 出售方务必按照合同约定留存各项物品、结清全部费用，避免承担不必要的违约责任。

专题三十

漏水惹人恼，这些你做对了吗？

二手房买卖中，无论是次新房，还是老旧房屋，都常伴随漏水隐患，尤其以南方多雨城市更甚。由于购买方对于房屋的具体情况很难全面了解，主要依赖出售方的主动披露，但出售方为避免交易节外生枝可能隐瞒漏水情况；同时，购买方能够发现漏水，往往是因为已经搬进了购买的房屋，所以房子一旦漏水，就非常影响购买方的购房体验和基本生活，因此，漏水问题引发的纠纷屡见不鲜。

本专题希望通过以下案例，提醒买卖双方务必重视漏水问题，出售方应在与购买方签订房屋买卖合同前，如实、全面地披露房屋情况，购买方也应在签约前审慎核实房屋状况，中介方也应如实披露已知的信息，为买卖双方提供更有品质的服务。买卖双方应在房屋买卖合同中约定清楚可能存在的质量问题，包括漏水隐患，并约定相应的处理办法，避免日后发生纠纷时无据可依。

案例一

签完合同就万事大吉？交房前漏水猝不及防！

2021年4月，小张在中介方的带领下，来到小李的房中看房。看房时，小张觉得房屋干净、明亮，也没发现房子存在明显的质量问题，于是决定购买这套房子。

当月11日，小张和小李在经纪人老孙的协助下，成功签订了房屋买卖合同，成交价为3436000元，合同约定：

小李确认房屋不存在漏水问题，若漏水，小李应在交房前完成修复。如果没有修复，小张在交房后自行修复的，修复费用由小李全部承担，如果因为漏水影响小张对房屋的正常使用，小李还应当赔偿损失。

签约后，小张和小李各自履行合同义务，交易进行得十分顺利。

然而，在2021年5月的一天，小李突然接到物业公司的电话，说他的房子漏水了，需要赶紧前往处理。小李眉头一皱，心想：好端端的房子怎么会漏水呢？我合同都签完了，就差交房了，却在这个节骨眼漏水，小张不买了怎么办！小李担忧地叫上了经纪人老孙，二人一同前往房中查看情况。

当小李和老孙匆忙赶到时，房子门口处已经有了明显的积水。经过一番查看，两人发现漏水原因是厨房水管爆裂；排完积水后，小李连忙更换了爆裂的水管。

为避免在交房的节骨眼儿上再节外生枝，加之这次漏水得到了及时处理，实际上也没有给房子带来什么损坏，小李和老孙决定将此事按下不表。不久后，因为之前漏水的缘故，房子主卧地板和客厅踢脚线开始发霉。

毫不知情的小张按照合同约定支付了全部房款，房屋过户到小张名下，小李也向小张交付了房屋。

2021年7月12日，沉浸在买房喜悦中的小张从物业处偶然得知房子漏水，回到新房中一看，主卧地板和客厅踢脚线果真有漏水痕迹，之前看房的时候可是完全没有，小张立即找到小李和中介方协商赔偿。老孙所在的中介公司了解情况后，认为老孙没有及时告知房子漏水，确实存在过错，于是退还了小张全部的中介费用，但小李坚持认为自己不存在过错，他已经及时更换了漏水的水管，该做的都做了，于是拒绝了小张的赔偿要求。

小张觉得当前漏水情况就这么严重，后续房子其他地方也可能发霉、掉墙皮，于是心一横，干脆对房子做了全屋重新装修，花费88000元。装修期间，小张多次与小李沟通费用承担事项，小李始终不予理睬。

房子重新装修好了，和小李的协商却迟迟没有结果，小张一纸诉状，愤而将小李告上法庭，请求法院判决：小李支付房屋全部装修费用。

法院经审理认为，漏水导致的主卧地板和客厅踢脚线发霉问题，确实给小张造成了损失，这一事件发生在交房前，根据合同约定，小李应当承担这部分的维修费用；但小张仅因此就主张全部装修费用也不合理。因此，法院酌定小李支付房屋维修费用18000元。

案例二

签前务必细看房，签后漏水沟通难

2023年3月，计划购置自己人生中第一个温馨小家的小张，在中介方经纪人小王的陪同下查看了小李的一套房屋。第一次买房的小张没什么经验，只是匆匆看了房屋的情况，觉得大体上没什么问题，并没有仔细查看房屋的内部细节。接连看了几套房子之后，小张觉得还是更喜欢小李的房子，于是决定买下来。

2023年4月2日，在中介方的协助下，小张与小李签订了房屋买卖合同，小张以643000元的价格买下小李的房屋，合同约定：小李确认房屋主体结构不存在漏水、渗水问题，房屋不存在脱皮、起泡现象。

签约当天，小张向小李支付了20000元定金。

签约后，小张再次来到房屋中查看，却发现衣柜后面出现了大片渗水痕迹，小张立刻挪开衣柜，他大吃一惊：原来衣柜后面的墙纸已经严重发霉，墙面甚至因泡水露出了水泥基层。小张这才意识到房子根本没有自己想象得那么好。他赶紧去厕所、厨房等常见漏水重灾区仔细查看，果然，在厕所和厨房墙面均发现了不同程度的漏水问题：渗水、受潮发霉，有些地方甚至连墙皮都已经脱落。

房子竟然有这么严重的"隐疾"，这与小张的期待可是大相径庭。小张又急又气，找到小李，表示按照合同约定，小李须对房屋漏水的位置进行仔细维修，渗水严重的地方还要重新装修。小李满口答应。

随后，小李对房屋漏水的地方做了修复，但小张验收后，认为修复得非常草率，连发霉的痕迹都还清晰可见，这样的修复根本没有用心，要求小李重新修复；小李却觉得，现在房子已经不漏水了，完全不影响居住，重新装修纯属多此一举！于是两人产生了激烈的争执。

2023年6月1日，小张将小李诉至法院，请求解除房屋买卖合同并双倍返还定金。

法院经审理后认为，房屋确实存在漏水问题，这一事实与合同约定相违背，小张出于对房屋质量的担忧，主张解除房屋买卖合同是合理的；但小李已经对房屋进行了一定程度的修复，且小张购买的房屋是二手房，又位于顶楼，有一定居住、使用、修复痕迹也属正常，小张作为一个有判断能力的成年人，看房时也没有尽到谨慎注意的义务，导致在没有充分了解房屋的情况下就作出了签约的决定。因此，法院综合考虑双方过错程度，没有完全支持小张双倍返还定金的诉求，最终判决小李返还小张定金20000元。

案例三

顶楼房屋有漏水，可以拒绝收房吗？

2020年11月23日，购买方小张与出售方小李在中介方的撮合下签署了房屋买卖合同，小张看中的交易房屋位于顶楼。合同约定：

1. 双方应在2021年2月2日前完成交房，并在交房当日办理物业交割手续。为防止在物业交割阶段出现纠纷，双方约定从购房款中留存10000元作为物业交割保证金，双方成功交房、完成物业交割后，保证金再划转到小李的银行账户。

2. 小李确定房屋主体结构不存在漏水问题，若存在，小李应在交付房屋之前完成修复。如果未修复，小张在房屋交付后自行维修的，小李应承担全部维修费用；因维修房屋影响小张使用的，小李另行赔付小张的损失。

签约后，小张和小李正常履约，很快房屋就过户到了小张名下，小李也收到了除物业交割保证金外的全部购房款。但就在小张与小李办理物业交割手续时，小张却发现房屋的厨房和洗手间的天花板上有漏水痕迹，他当场表示，在这个问题得到妥善解决之前，自己将拒绝收房。

2021年2月2日，正是合同约定的交房截止日，小李担心耽误了交房，自己拿不到物业交割保证金，于是赶紧请来修理工对房屋渗水部位进行维修。当日，维修工告诉小李漏水部分已经修复。

于是，小李约小张两天后办理交房手续。小张查看后，不满意维修结果，以漏水问题未妥善解决为由拒绝收房。小李因为卖房之后打算换个城市生活，自觉没有时间跟小张干耗下去，于是将房屋钥匙给到中介门店，请经纪人帮忙保管。

因为房屋漏水问题一直协商未果，小张拒绝收房，小李也拿不到这最后的一笔钱，双方僵持不下，小张随即将小李和中介方诉至法院，请求法院判决：小李承担漏水维修费20000元、逾期交房违约金60000元。小李迟迟收不到物业交割保证金本就闹心，收到法院的传票后更是火冒三丈，当即提起反诉，请求法院判决：小张支付购房尾款（物业交割保证金）10000元、利息500元。

法院为查明事实，前往交易房屋进行现场勘验。勘验发现，房屋在厨房、天花板等地确实可见黄色水渍印，阳台、靠近卫生间排污管周围等处墙面起皮脱落，但以上漏水处墙皮均保持干燥，法院判定房屋的屋顶漏水问题已基本得到修复。

法院当即告知小张，房屋的瑕疵并不明显，可以正常居住和使用，责令小张当日领取房屋钥匙收房，否则因拒绝收房而造成的损失扩大的责任须自行承担。小张仍表示拒绝收房。

法院对本诉与反诉经过合并审理认为：按照合同约定，小李应当在 2021 年 2 月 2 日前交付不存在漏水问题的房屋，但小李未能按约交付，构成违约，应当承担违约责任；在 2021 年 2 月 2 日当天，小李已对渗水问题修复完毕，小张未提供证据证明修复后的房屋仍未达到交房条件，小张理应于 2021 年 2 月 4 日收房。

法院最终仅判决小李向小张支付逾期交房违约金共计 1360 元，即法院认为 2021 年 2 月 4 日房屋完成交付，小李支付两天的违约金即可。

案例四

搬进新家后发现房屋漏水，真闹心！

2019 年 11 月 24 日，小张与小李通过中介方签订了房屋买卖合同。在签订合同前，中介方经纪人曾多次带领小张实地看房，在看房过程中，小张并未发现房子存在什么问题。签约时，小张和小李在房屋买卖合同中约定：

小李确定房屋主体结构不存在漏水问题，若存在，小李应当在交付房屋之前完成修复；如未完成修复，小张在房屋交付后自行维修的，小李应承担全部维修费用；因维修房屋影响小张使用的，小李另行赔付小张的损失。

合同签订后，小张依约支付了全部购房款。2020 年 4 月 30 日，小

| 安家： 99 个故事教您买卖二手房

李向小张完成了房屋的交付，小张在 2020 年 5 月一个阳光明媚的日子，搬入了新房。

然而，小张入住后不久，就发现房屋的卫生间存在漏水问题，小张觉得可能这是老房子的通病，反正自己也要重新装修房子，不如先把卫生间装修好，也算是完成了一项大工程；于是立刻联系装修公司，对卫生间进行防水改造；殊不知，这一工程花费了小张整整 50000 元。

听闻小张家在进行卫生间的装修，小张楼下的邻居找了上来，告诉小张这个房子厨房水管以前也爆过，自己家的客厅吊顶上现在还有渗水痕迹呢，小张这次改造卫生间，可得做扎实点。

小张听闻此事，觉得自己被骗，小李之前完全没有提到过漏水的事，于是联系小李要求赔偿；小李听到小张的怒斥后有点哭笑不得，表示房子之前确实漏过水，但是并不严重，并且早就已经修好了。

小张已经失去了对小李的信任，根本听不进小李的解释，只觉得卫生间漏水是之前就存在的问题，小李一直没有告诉自己，错在小李；于是小张直接将小李诉至法院，要求小李承担自己修复卫生间漏水产生的费用 50000 元。

法院受理此案后，来到房屋现场对房子仔细勘察，发现房子确实存在一些墙纸鼓包脱落、家具受潮发霉的情况，但原因不明；勘察的结果并不足以证明房屋在交付时就存在漏水问题。因此，一审法院驳回了小张的全部诉讼请求，小张不服，提起上诉，二审维持原判。

最终，小张因缺乏确凿证据，在这场关于房屋漏水赔偿的官司中败下阵来。他不仅没能获得预期的赔偿，还白白浪费了宝贵的时间和精力，更承担了一笔不小的诉讼费用。这场经历让小张深刻体会到法律面前证据的重要性，也让他对购房过程中的细节审查有了更深刻的理解。

案例五

侥幸心理隐瞒漏水，结果以赔钱收尾

计划买房的小张经过挑选，最终看上了小李位于顶楼的毛坯房。因为房子位于顶楼，小张十分害怕存在漏水的问题，于是在签约前多次实地看房，并不断询问经纪人小王房子是否漏水，小王表示已经问过出售方小李了，小李明确表示从未发现房子有漏水的情况。小张多次看房，确实没发现房子有漏水痕迹，加之房子是毛坯房，一直没有人居住和使用，小张估计房子应该不会出什么问题，于是同意买房。

2022年4月4日，小张和小李在经纪人小王的服务下，签署了房屋买卖合同，合同约定：

小李确认该房屋主体结构内（包括但不限于卫生间、厨房或室内管道等）及公共区域（包括但不限于公共管道、外墙、屋顶等）不存在漏水问题。若实际情况与小李确认的情况不符的，则小李应在交付房屋之前完成修复。如果小李未予修复，小张在房屋交付后自行维修的，小李应当承担全部维修费用；因维修房屋影响小张使用的，小李应当赔偿小张因此所受的实际损失。

2022年6月，小张和小李完成过户、交房，交易完结。

同年7月，小张开始对房屋进行装修。可没想到的是，仅仅7月至8月两个月的时间，房子就发生了三次漏水，漏水部位主要集中在屋顶。小张聘请的房屋装修设计师经过仔细勘测，向小张反馈房子现在

的漏水问题比较严重，要先修复，才能继续装修。

小张听闻，直接联系了小李，质问小李怎么回事，小李则表示自己也不知道，这房子自己之前根本没住过；再说现在房子已经在小张的名下，交易已经完成了，房子再发生什么事儿与自己无关。小李还说，现在是雨季，顶楼有漏水也正常。

辛辛苦苦买的房子，竟然变成了水帘洞！房子贬值不说，自己还支付了一笔不小的维修费用，小张实在不想当这个冤大头，于是在2022年9月，以小李未披露房屋漏水情况为由，将小李诉至法院，请求法院判决小李支付违约金380000元、房屋维修费50000元、房屋价值减损损失100000元。

法院为查清漏水的事实，前往交易房屋走访，并询问了交易房屋的楼下邻居和物业公司经理，得知这房子之前屋顶就发生过漏水，还是物业发现后告诉小李尽快来解决的，小李不可能不知道。但小李在签约前一点都没向小张披露，小李显然违反了合同约定，应当承担违约责任。

小李抗辩自己只是忘记物业告诉过自己，绝非有意隐瞒。而且小张曾多次前往现场看房，都没发现任何异样，小张作为购房人，也有一定的谨慎注意义务，这事儿小张也有错。法院查看后认为，漏水的地方十分隐蔽，小张未能发现也很正常，但这并不构成小李未如实披露房屋漏水的正当理由。最终法院判决小李支付小张违约金76000元。

案例六

公共区域的漏水就可以不披露？大错特错！

2021年3月20日，通过中介方撮合，小李与小张签订房屋买卖合同，约定小李将自己的房屋卖给小张。因为房子位于顶楼，买房时小张问及房屋的漏水情况，小李拍着胸脯表示自己住了这么多年，从没发现过房子有漏水问题；并在合同中约定：小李确认房屋主体结构内不存在漏水问题。见此，小张放心地与小李签约。

签约后，双方按约履行；2021年5月8日，房屋成功过户至小张名下；2021年5月13日，小李向小张交付了房屋。

然而，小张入住后没几天，就发现餐厅顶部漏水，于是立刻联系小李。小李表示自己对漏水问题完全不知情，并表示漏水的部位不在房子内部，而是在楼顶，属于公共区域，应该联系物业公司进行维修。于是小张联系了物业公司。

这一联系，小张才知道，原来这栋楼的顶楼之前就发生过很严重的漏水问题，当时的业主小李还找到物业公司，要求申请公共维修基金进行维修，楼顶漏水的部分之前已经维修过一次。因为需要启用公共维修资金，物业公司还因此征求了这栋楼所有业主的意见。说着，物业公司的工作人员翻出当时的《业主书面表决明细表》，上面赫然显示着小李的亲笔签名。

小张知道自己被小李骗了，这么严重的漏水问题，小李明明知情，却装作毫不知情。但事已至此，小张来不及去找小李理论，先把漏水的地方修好才是要紧事，小张立马联系维修工人进行修复。可出乎他意料的是，楼顶漏水的情况不容乐观，尽管经过前后多次维修，也始终无法完全修好，小张家的餐厅、客厅及次卧等多处位置仍然频频渗水。

看着自己花费了那么多精力和金钱购买的房屋，却无法让自己住得舒心，小张再也不能忍受，一纸诉状将小李诉至法院，要求小李赔偿。

法院经审理认为，房子漏水的部分虽然是在楼顶，但是漏水情况严重，小李显然是知情的，但小李售房时没有把楼顶漏水和曾启用公共维修资金进行维修的事实告知小张，小李存在过错，应当赔偿小张的损失。法院据此酌定小李应向小张赔偿损失 76000 元。

案子虽然胜诉，小张却一点也开心不起来。如果早知道房子存在这样的问题，他说什么也不会买；现在他只想尽快把房子卖出去，早点换一个不再受漏水困扰的房子。和漏水问题一比，位置好不好、房子大不大、采光好不好，这些似乎都不那么重要了。但是房子有这么严重的问题，又有谁肯买呢？自己接下来又该怎么办呢？小张望着楼顶，忧心忡忡。

案例七

漏水很显眼，中介应告知！

2022 年 12 月底，小李决定卖掉自己住了好几年的房子，换一套新房。于是小李联系到中介方，委托中介方帮忙寻找合适的买家。接受小李的委托后，经纪人老孙来到小李的房子，查看了房子的情况，并为房屋拍摄了 VR 视频，以便展示在中介方的网站中，让有意向的买家浏览查看。

不久后，小张看上了这套房子，老孙带小张来到房子中实地查看，并在看房的过程中告诉小张，房子的北阳台存在漏水问题。老孙的这一行为得到了小张的信任，小张查看了老孙所指的地方后，发现漏水并不严重，于是爽快地表示，这么一点漏水不碍事，自己修一下就行了。

2023年2月5日，小张和小李坐到一起准备签约，签约之前双方又再次就北阳台漏水的问题进行了沟通，小张仍表示会在入住后自行进行维修，于是双方顺利签订了房屋买卖合同，房屋价格3165000元。合同约定：小李、小张均已知晓房屋的北阳台处有渗水，双方协商一致由小张来修，与小李无关。

同日，小张、小李与中介方签订了中介服务合同，小张支付了中介服务费67200元，合同约定：中介提供的中介服务包括提供房屋买卖市场行情咨询；寻找、提供并发布房源、客源信息；引领购买方实地看房等相关内容。中介方应遵守相关法律规定，尽职提供中介服务，不得在交易中提供虚假信息或故意隐瞒真实情况。

就这样，小张和小李签约成功了，但小张担心了起来：万一除了备注说的北阳台处的渗水以外，其他地方出现漏水该怎么办？难道全都是自己维修吗？那就亏大了！小张赶紧追问小李和经纪人老孙，小李一再强调：所看即所得，自己售房并没有对房屋做任何的粉饰、掩盖，看到是什么样就是什么样；自己已经把房屋的情况全部展示在小张和中介方面前，没有任何隐瞒。老孙见状也宽慰道，会找专业的维修师傅上门替小张再次排查。听到双方这么说，小张也逐渐打消了疑虑。

老孙果然在签约后的第三天找到了某装修公司的工作人员，对房屋其他地方是否存在漏水问题进行了排查，排查结果显示房屋不存在其他漏水问题。听到这个结果后，小张彻底放心了，决定踏踏实实地履约，并期待能够早日住进新房子。

2023年5月，合同履行完毕，小张终于拿到了房屋的钥匙，欢欢喜喜地搬进了新房。然而，在小张仔细看过房屋的每一处角落之后，却发现：书房墙面渗水，卧室顶角也不太对劲，像是有渗水的痕迹，于是立刻联系老孙，老孙把情况反馈给了小李，并另外联系某维修公司的维修人员前往房屋勘察漏水原因。经上门查看，发现漏水原因竟然是卫生间水管和防水层存在问题，卫生间的水渗到了其他房间，要想解决这个问题，就要拆除卫生间地板，重新做防水，修复防水层。这一工程不仅费时费力，还会产生一笔不小的费用。

小张得到这一"噩耗"着急了，质问小李为什么不告知实情；小李则明确表示，自己已经把知道的房屋细节情况都告知了中介方，没有任何隐瞒；如果小张仍不知情，那就不是自己的问题了。

小张只愿意承担北阳台的漏水维修费，现在房子还存在这么严重的漏水问题，自己肯定不能当冤大头。自此，小李、小张和中介方开启了长达一个多月的拉锯、沟通，但最终也没能得出一个解决方案。

小张疲惫了，不想再进行没有意义的沟通，认为这件事情主要是因为中介方不负责，没有告知自己房屋真实的漏水情况导致，错在中介。于是依据中介服务合同将中介方起诉至法院，要求：中介方全额退还自己支付的中介费67200元。

法院经过审理，认为：

1. 中介服务确实存在瑕疵：中介方负有报告义务，这是中介方在中介合同中应该承担的主要义务。这意味着中介方应该尽可能多地了解情况，必要的时候做深入的调查。在签约之前以及签约当下，针对小李提到过的书房和卧室漏水的问题，稍加注意就能够发现，但中介方既没有进行详细询问，也没有如实向小张进行说明，没有充分尽到中介方的义务。不过，中介方虽属于瑕疵履行，但没有严重到须退还全部中介费的程度。

2. 小张也存在一定的过错：小张在签约之前实地看过交易房屋，应当对房屋内的明显瑕疵予以注意。根据交易房屋的 VR 视频，房屋的书房墙面和卧室顶角都能隐约看出漏水痕迹，稍加查看，小张是可以看出异样的。

因此法院酌定，中介方退还小张中介费用 20000 元，这一费用也基本可以涵盖漏水的维修费用。

风险提示

小贝温馨提示广大消费者，为避免售房/购房受漏水问题之扰，务必做到：

1. 出售方应如实、全面地披露房屋的漏水问题。切勿存在侥幸心理，寄希望于漏水隐患不被发现，也不要因为漏水部位是在公共区域就刻意隐瞒，不进行披露。更不要想当然地认为购买方看房的时候没发现房屋的问题，自己就能高枕无忧了。出售方对于自己知晓的任何可能影响房屋使用或价值的细节，都应主动说明。另外，无论是在委托中介方寻找购买方的阶段，还是在中介方带看、斡旋谈判乃至双方签约等环节，出售方应注意对披露过程进行留痕，来证明自己已经尽到了披露义务。

2. 购买方应在购房前仔细检查房屋的情况。看房时，需留意房屋的外墙墙面、楼板、窗边有无积水或渗水迹象，仔细查看墙壁、地板是否存在异常水渍，木地板是否有发黑现象，砖缝是否发黑长斑，窗户接缝有无裂痕或者重新油漆的痕迹。除此之外，不妨选择在雨天再次查看房屋；也可以向周边邻居询问，以获取更全面的信息。如果对房屋状况有疑问，可以多次查看，或者聘请专业人员协助检查。

3. 购买方应对重点部位进行检查。大家可以看到本专题案例中，发生漏水的情况主要集中的楼层是顶楼，主要的漏水部位是卫生间、厨房等。因此在决定购房时，要慎重考虑是否购买顶层，以及在看房时要对房顶、卫生间、厨房等墙面重点检查。

4. 买卖双方应在房屋买卖合同中约定好房屋是否存在漏水问题，以及后续房屋出现漏水由谁来维修。一般情况下，交房后出现漏水问题应该由购买方自行维修，但如果交房后短时间内发生漏水问题，且有证据能够证明漏水是在交房前发生的（如专业机构出具的鉴定意见），或出售方对漏水情况知晓但未告知的（如物业的保修记录），购买方可以尝试通过诉讼方式维护自己的权益。同时，涉及房屋状况的照片、视频、物业保修记录、专业机构鉴定报告等资料，都要妥善保存，这些都可能成为日后维权的关键证据。

5. 监督中介方服务。除了房屋本身，消费者还应当关注中介方的服务质量，督促中介方及时履行其应尽的义务。在发现中介服务存在问题时，要及时提出，并保留相关证据。如果中介方的服务瑕疵给自己造成了损失，要依据合同和相关法律积极维护自己的权益，但也要对自身的过错有清晰的认识，合理主张赔偿。

6. 最后，需要提醒购买方，漏水并不是不履约的理由。如果出售方已经修复了漏水区域，房子不影响使用和居住，那么，不应以此为由拒绝履约，否则可能构成违约，承担违约责任，产生更大的损失。

专题三十一

房屋交付[①]不简单，纠葛不断怎么办？

二手房买卖的过程中，房屋交付是至关重要的一环，它不仅是出售方履行合同义务的终点，也是购买方实现入住愿望的关键。然而，这一环节却可能成为纠纷的高发区：出售方延迟交房、租客不配合搬迁、户口不能及时迁出等风险层出不穷，稍有不慎就可能导致买（卖）房梦碎，引发纠纷。

本专题希望通过以下案例，提示交易双方在购房、售房过程中，特别注意房屋交付环节的潜在风险，避免在交易的最后一环出现争议，确保交易顺利进行。

案例一

房屋钥匙交给中介方，就完成交房了吗？

2021年，小李准备卖房，找到了某中介公司的经纪人小吴，希望小吴能够尽快帮自己找到合适的买家，于是小吴发动周围的同事一起

[①] 房屋交付即"交房"，通常指的是出售方按照购房合同约定的时间和标准，将房屋的使用权交付给购买方。一般情况下，交房完成即交易完结。

帮小李寻找合适的买家。不久后，小吴的同事小王就帮小李匹配到了合适的买家小张。

2021年9月12日，经过经纪人小王的撮合，小李成功和小张订立房屋买卖合同，合同约定：小李在收齐房款后3日内向小张交付房屋，房屋附属设施设备、屋内装饰装修、相关物品等一并转让给小张，小李只带走私人物品。

合同签订后，小张爽快地支付了房款。自此后，小李就开始寻找合适的出租房作为过渡。但由于小张的家人比较多，老人孩子加起来足足有六口人，找到这样一套价格合适，又能满足全家居住需求的房子可不容易。

2021年12月29日，小李收齐了全部房款。临近交房期限，小李却迟迟未能找到合适的房子。小李很苦恼，决定和小张商量一下能否延后一周交房。小张并未同意，要求小李按照合同约定按期交房。无奈，小李只得加大了找房的强度，每天下班都去看几套房子，终于找到了一套相对来说比较合适，但是房中没有任何家具的房子。

于是小李又询问小张自己能否把房屋内的家具家电一并带走，净房交付。小张本就对小李之前提出的延迟交付很有意见，听到小李的新要求更是一口回绝。

无奈，小李只得一边搬家，一边购置新家具。直到合同约定的交房日期已经过了7天，小李才通知小张收房。

2022年1月11日，二人来到交易房屋办理交房及物业交割手续。谁知，小李在交房现场又重提要带走部分家具家电的事儿。

因为小李本就延迟了交房时间，现又打算将部分家具家电带走，小张忍无可忍，提出小李没有按照约定的时间交房，已经构成违约，需支付违约金，否则自己将拒绝收房。小李自然不会同意，也愤然离开现场，找到最初替他卖房的经纪人小吴，将自己房屋的钥匙及水电气卡留给小吴。之后，小李打电话告诉小王，说已经把钥匙交给了小吴，后续让小张直接联系小吴收房。

经纪人小王找到同事小吴，拿到了水电气卡及钥匙，准备交给小张，但小张仍然拒绝收房，并向法院提起诉讼，要求法院判决：小李按照合同约定交付房屋，并支付逾期交房的违约金。

小李抗辩：自己确实没有按照合同约定的时间交房，也同意支付违约金，但违约金仅应计算至自己将房屋钥匙交付给中介方之日。2022年1月11日，自己就已将房屋钥匙交到了中介方门店，自此小张可直接获取房屋钥匙，故自己已于2022年1月11日完成交房。

法院经审理认为，小李在收取全部购房款后，未按合同约定的时间交付房屋，已经构成违约，小李应当按照约定交付房屋，并承担逾期交房的违约责任；小李虽然将钥匙交给了房源维护经纪人小吴，但小吴并非直接参与并促成房屋交易的经纪人小王，小李也没有提交证明他委托过小吴办理交房，小李留下房屋钥匙给小吴的行为不构成合同约定的交房。故法院未采纳小李的主张。

据此，法院判令小李在判决生效后3日内按合同约定的标准向小张交付房屋，并向小张支付逾期交房的违约金，违约金计算至交房完成之日。

案例二

租户还未搬离，能交房吗？

2021年，小李准备卖房。这套房子一直出租着，但小李觉得现在的租户不是很好沟通，担心租户会阻碍自己卖房的进程，于是决定等到今年的6月30日租期结束的时候再卖房。虽然这么想，但小李还是早早就把房子挂到了社交媒体上，希望至少能够尽快锁定一两个潜在的买家，这样等到租期一到，房子就能快速卖出去了。

几个月后，小张看上了这套房，向小李表明了购买的想法。彼时，虽然租期还没到，但小张人暂时还在外地，也不打算看房，准备直接购买。小李心想，那就等到房子到期了再交房即可，这样不仅能够实现出租与出售的无缝衔接，租户与小张也不会产生任何交集，可以避免很多麻烦。

于是，2021年4月27日，小李与小张签订了房屋买卖合同。合同约定：

1. 交易房屋未出租；

2. 小李应在收到全部购房款后7个工作日内将房屋交付给小张。

合同签订后，双方都积极履约，后续的流程比小李预计的要快一些，6月16日，二人就成功办理了过户手续。之后，小张提出要进房子里再看一看，好提前规划一下怎么装修。面对小张的合理要求，小李没有理由拒绝，确认租户已经收拾好行李准备搬离，且刚好近期出差不在家之后，小李和小张共同来到了交易房屋中。

看了一圈后，小张发现房中似乎有人居住，心生疑虑，因为小李

| 安家： 99个故事教您买卖二手房

曾经说过自己一家并不在此房中居住。见瞒不下去了，小李才支支吾吾地告知小张房屋目前租出去了，并且租约尚未到期，小张顿时心生不满。

为了安抚小张的情绪，小李立即表示租客实际已经搬离房屋了，只是还有一些物品没有搬走；况且还有十几天租约就到期了，到那时房子就完全空出来了；交房之前，这些事情肯定都能办妥，让小张完全不必担心。

小张听后确实放心了一些，并表示会很快启动对房子的装修工程。小李见状，又提醒小张：租约还差半个月才到期，房屋内还有租户的私人物品，况且房子也还没有正式交付给小张，希望小张等正式交房之后再装修。小张答应了，并提出重新配一把交易房屋的钥匙，理由是想在正式交房前来房子多考察考察，制订一下装修计划，这样等房子一交付就可以装修了。小李虽然同意了，但再次提醒小张，一定要在租约到期后再看房，以免打扰到租户，最后几天闹出一些麻烦来就不好了。就这样，小张拿到了交易房屋的钥匙。

小张虽然嘴上答应了，行动却一点也没有延后，6月26日，他再次来到交易房屋，将租户的物品清理到房屋的一角后，就安排施工队进场装修。

6月27日，租户返回后发现自己租的房子正在装修，私人物品被人搬动过，之前购买的部分家具家电有被损坏甚至遗失的情况。租户见状直接质问当时恰好在房中查看装修情况的小张，小张并未理会，租客只好整理好个人物品后搬离了交易房屋。

2021年7月10日（小李收到全部购房款后7个工作日），双方正式办理交房手续，签署了交房确认书，交易正式完结。

本以为事情到这里就结束了，小李松了一口气。然而，两个月后，小李收到了法院的传票：原来，租户以小李提前解约为由，要求小李向其赔偿物品损失，并支付违约金。

法院经调查后开庭审理，法院认为：小李在2021年6月16日就将房屋的钥匙交给了小张，自此，小张便拥有了随意进出房屋的能力，能够实际使用房屋，因此小李与租户的租赁合同在2021年6月16日解除；由于按照租赁合同的约定，小李和租户的租约应当在2021年6月30日才正式解除，因此法院认为小李构成违约，且小李的违约行为给租户造成了损失，因此判决业主赔偿客户家具损失2000元，退还押金1200元，支付违约金1200元，支付诉讼费72元，以上共计3272元。

拿到判决的那一刻，小李才真切体会到了后悔，自己不应该既要又要还要，就应该耐心等到租约结束后再卖房，或者一早就告诉租户自己准备卖房，和租户友好协商；自己也不应该轻信小张，最终给租户造成的损失还是得自己来承担。

案例三

买的房子一年租期变十年，住不进去怎么办？

2021年5月，小张准备购买小李的房子，小李告诉小张，房子目前已经处于出租状态，租期到2022年3月31日结束，等到租期结束，小张才能入住房屋。小张由于不着急入住，于是表示同意。

2021年5月29日，小李与小张签订了房屋买卖合同，二人房屋买卖合同中写明：

1. 签约时交易房屋上存在租约；二人交房之后，小张有权利继续收取出租房屋所获得的房租，成为新的房东；小李在交房时须将租户之前预交的押金及租金等转交给小张，并协助小张与租户签署新的房屋租赁合同。

2. 房屋交付时间为小李收到全部购房款后 7 日内。

签约前，小张曾提出想查看房屋租赁合同，但小李表示不记得放在哪里了，一时间找不到。小张也就没放在心上，没再要求小李提供。

2021 年 9 月 23 日，小张付清全部购房款，房屋也顺利转移登记在了小张的名下。小张开始与小李沟通交房的具体时间，但没想到小李竟一直处于失联状态。无奈之下，小张前往交易房屋，与租客沟通重新签署房屋租赁合同。

租户也感到十分困惑，他告诉小张，自己确实只租了这房子一年，但租赁合同是自己与某长租公司签的，并不知道房子本来的业主是谁。小张立刻联系长租公司了解情况，原来，小李去年把房子出租给了一家长租公司，租期长达 10 年，如果 3 年内小李解约，则需要向长租公司赔偿 100000 元。

听到这个消息的小张大惊失色，难怪小李在收到房款之后就人间蒸发了，原本说好一年的租期根本就是骗自己！小张明白"买卖不破租赁"[①]的道理，虽然现在自己是房屋的产权人，但在租期结束之前自己也不能强制收房；而且自己不可能真的等过了十年租期结束后再入住，这可怎么办才好？

多番尝试后，小张还是没办法找到小李。为了能够尽早入住房屋，

---

① 见文末小贝普法。

小张最终与长租公司协商解约。2021年4月25日，小张和长租公司签署了终止协议，约定："小张应代替小李返还给长租公司人民币100000元，长租公司收到全部款项的同时，基于该房屋的原租赁合同即解除。"

之后，小张依约向长租公司支付了100000元，并于2022年4月30日收房。随后，小张向法院提起诉讼，以小李故意隐瞒租约实情导致损失为由，要求小李赔偿迟延交房的违约金，并赔偿租赁合同解约导致的损失100000元。

法院经审理认为，小李拒不向小张交房的行为已构成违约，小张据此主张小李承担迟延履行违约金合法合理，法院予以支持。由于租赁合同解约导致的损失，也是由于小李的违约行为而产生，且小李始终回避，没有积极介入与长租公司协商解约，导致小张无端承受相应损失，据此，小张垫付的100000元违约金亦应由小李承担。

最终，法院判决小李支付给小张延期交房的违约金242700元，并赔偿小张租赁合同解约金损失100000元。小李为自己的违约行为付出了沉痛的代价。

案例四

已经同意延期交房了，还能主张违约金吗？

2022年9月15日，购买方小张与出售方小李签订了房屋买卖合同，合同约定：

房屋成交价4420000元，小李应于收齐房款后3日内向小张交付房屋。

签约后，双方积极履约。2022年10月17日，小李已收齐全部房款，小张开始与小李沟通交房的具体时间。但在这时，小李接到老家的母亲打来的电话，说父亲在工作过程中受伤了，虽然没有生命危险，但是伤势还是比较严重，需要有人照顾，希望小李能回家一趟。于是小李焦急地打包行李，第二天就坐上了回家的列车。临行之前，小李把这件事情通过微信告诉了小张，为难地表示家里的事情确实比较紧急，询问小张能否接受晚一点交房。

小张很着急入住，而且交易已经基本办理完了，就差临门一脚，这个时候出状况，小张有些不快，但毕竟事发突然，也能理解。于是小张在微信中表示："房子就下月月底交吧，给你留充足的时间，我也算仁至义尽了，已经比合同约定晚一个月了，要算起违约金可真不少。"小李表示同意，连连感谢小张的理解。

于是在接下来的一个月里，小张继续租房居住，等着小李从老家回来。

2022年11月25日，在小李的精心照料下，父亲痊愈，小李也回到了生活的城市，正式把房子交到小张的手上。

然而，2022年12月，小李却收到了法院的传票，原来是小张把自己起诉了，要求自己承担逾期交房的违约金77350元（以4420000元为基数，每日违约金按万分之五计算，从2022年10月21日计算至2022年11月25日，即从买卖合同约定的最迟交房日计算至实际的交房日）。

小李立刻询问小张缘由，明明之前已经说好了晚一个月交房，既然小张已经通过微信同意了，自己也在11月底交了房，怎么现在还来主张自己违约呢？小张表示自己只是接受了晚点交房，但是从来没有同意小李不支付违约金，自己从来没有放弃过追究小李的违约责任。现在由于小李的延期交房，自己又多支付了一个月的房租，只能通过诉讼的方式来捍卫自己的合法权益。

庭审过程中，小李提交了与小张的微信聊天记录作为证据，证明二人已经通过微信的方式达成一致意见，将交房时间变更至11月底；自己在11月25日交房，并不构成延期交房，不构成违约。对此小张表示，双方并没有签订任何的书面补充协议对合同进行变更，不产生任何的法律约束力。

法院经审理认为，根据小李提供的微信聊天记录，小张已明确同意延期交房，双方对交房时间作出了变更，即把交房时间变更至11月底；之后，小李按时交房，并无逾期交房的事实，不应承担逾期交房的违约责任。法院最终驳回了小张的全部诉讼请求。

小李的故事提示我们，房产交易的过程中如遇到突发情况，一定要及时与对方沟通，通过友好协商对合同进行变更，并尽量采用书面的形式进行变更。如果受于时间、地点的限制难以达成书面的变更协议，也可以通过微信、邮件等方式约定清晰，并做好证据的留存，这样一旦产生纠纷，维权也有迹可循。

风险提示

交房，通常是房屋交易的最后一个环节，常令消费者在即将大功告成之际不自觉地降低警惕，但交房环节暗藏的隐患并不少。"行百里者半九十"，为免交房横生枝节，小贝建议广大消费者，务必做到：

1. 合理约定交房时间。出售方需谨慎评估交房时间是否充分，特别在交易房屋是其唯一住房或涉及"卖旧买新"等连环交易时，更应充分考虑住房衔接的问题，避免无法腾房构成延迟交房，承担违约责任。购买方需核实交房期限及交房条件是否已在合同中列明，明确逾期交房的违约责任，遇到出售方拖延交房的，应及时催促交房并固定相关证据。

2. 妥善处理租约问题。若交易房屋存在租约，购买方应要求出售方如实披露租约内容（租赁期限、租客情况等），并通过查看租赁合同的方式核实租约的真实性和有效性。双方应在房屋买卖合同中明确租约的处理方式，包括租约的变更、解除、租金的结算等，并积极与租客协商，协助租客妥善解决继续承租、腾房、租金的后续支付等问题。

小贝普法

什么是"买卖不破租赁"？

《民法典》第七百二十五条规定，租赁物在承租人按照租赁合同占有期限内发生所有权变动的，不影响租赁合同的效力。

根据法律规定，在租赁关系存续期间，房屋所有权的变动不影响租赁合同的效力，即俗称的"买卖不破租赁"。这意味着若交易的房屋存在租约，那么租约的真实情况可能影响交易流程、房屋交付时间，甚至会影响购房者的购房意愿。

专题三十二
解约，是想解就能解吗？

房屋买卖合同一旦正式签署，任何一方若因个人原因而决定终止交易，便构成违约。违约不仅损害合同一方的权益，还会使违约方承担相应的违约责任。这一专题旨在提醒买卖双方：签约前要慎重考虑是否售房/购房，合同一旦签署，就不可随意解除。如果在交易过程中出现确实需要解除合同的情形，应与对方进行充分协商，并在达成一致意见后及时签订解约协议，否则可能导致损失的进一步扩大。

案例

合同不是想解就能解！

2022年8月，小张想要买一套房子，于是通过某房产交易APP看房，发现了一套价格、楼层、周边环境、位置都很不错的二手房，急性子的小张觉得这样的房子可遇不可求，便立刻联系到中介方，表示自己愿意买下这套房子。

经纪人小王问小张是否先实地看一看这套房子，再决定是否购买。由于小张当时居住的地方离这套房子比较远，加上小张觉得APP上的

| 安家： 99 个故事教您买卖二手房

图片和 VR 视频拍摄得都十分清楚，自己已经大致了解了房子的情况，于是告诉小王不看房了，现在就可以签约。

小王遵照小张的意思，联系出售方小李提出签约。2022 年 8 月 13 日，小李和小张坐到了一起，非常迅速地签订了房屋买卖合同，小李将自己的房屋以 1335000 元的价格出售给了小张，合同约定：

小张若拒绝购买该房屋，构成根本违约，小李有权以书面通知的方式解除房屋买卖合同，并有权没收小张的定金或要求小张支付房屋成交价 20% 的违约金。

然而，就在签约的第二天，小张却告诉经纪人小王，他父母不支持购买这套房屋，自己一个人也没那么多钱支付房款，所以就先不买了。

小王十分为难，告诉小张合同都已经签了，不能这样随意单方解约，这个情况需要与小李好好沟通一下，最好是能见面沟通，小李如果同意解约就一起签解约协议。小张对小王的提示不以为意，表示自己不方便去和小李面谈，让小王直接转告小李。小王只得无奈地告知了小李这个情况。

小李得知后心里憋着一股火，心想这又不是菜市场买白菜，买房子这么严肃的事，是你想买就买、不想买就不买的吗？但冷静下来，还是决定好好解决这件事，于是不断通过小王与小张进行沟通，希望双方能坐下来好好谈一谈。但小张一直拒绝出面。

小李无奈地告诉小王，事已至此，只希望中介方能帮自己尽快物色新的买家，以便将房子再度出售。但小王表示，按照公司的规定，在这次交易的解约协议签署完成前，是不能再次交易的，这是为了避免出现"一房二卖"的不合法情形。

专题三十二　解约，是想解就能解吗？

于是，2022年9月20日，小李向小张发出了解除合同的通知。但没想到的是，9月22日，当解除合同的信件寄送到小张的住处后，小张竟然拒收了。

小李见小张毫无履约意向又不配合解约，更生气了！为让自己的房屋能尽快重新出售，小李向法院提起诉讼，请求法院判决：1. 房屋买卖合同解除；2. 小张支付违约金267000元（房价的20%）。

小张收到传票后，不明白为什么这件事闹得这么大，自己图省事没有去实地看房，作出买房决定的时候确实是欠考虑，但是合同签署得也很草率，从见小李到签合同，不过也就半个小时，自己甚至已经不记得合同里都写了什么，这合同根本是无效的，为什么还一定要煞有其事地签一个解约协议呢？小李直接再把房子卖给别人不就行了吗？

于是小张在庭审过程中提出了对合同效力的异议，认为合同是无效的，无须解除，自己也根本不构成违约。

法院经审理认为，房屋买卖合同是基于小李和小张内心的真实想法而订立的，内容不违反法律法规，合法有效，双方应当履行；在小张放弃购买的情况下，小李有权解约；而小张的行为已经构成了违约；鉴于小张在2022年9月22日拒收解约的通知，故判决房屋买卖合同已于当日解除。虽然双方还未履行合同，但小张在放弃购买房屋之后，并未积极沟通解约事宜，也未配合小李签订解约协议，给小李另行出售房屋造成不便，因此法院酌定小张向小李支付违约金80000元。

面对判决，小张深感懊悔，意识到自己的草率决定竟然会给自己和他人带来这么大的麻烦。他决定承担责任，向小李支付了全部的违约金并道歉，同时尽力帮助小张寻找新买家，以弥补损失。小李接受

· 273 ·

了小张的诚意，在双方共同努力下，房子最终顺利转手。

风险提示

在这个案例中，小张因自己购房时没有进行充分考量，在签约后不仅拒绝履行合同，也不配合与守约方小李沟通协商解约事宜，乃至拒绝签署解约协议，导致小李再次卖房受阻，损失进一步扩大，只能被迫通过起诉的方式确认合同解除。小张的做法害人害己，最终受到了高昂违约金的惩罚。这个案例充分说明：即使已经违约，违约方也应当积极配合守约方采取补救措施，尽量减少违约给对方造成的损失。

通过此案例，小贝提示广大消费者：

1. 作出购房的决定前一定要充分考虑各方面因素，不仅要考虑房屋本身的质量，也要充分考虑自己的履约能力。落子无悔，若草率订立房屋买卖合同，那自己很有可能要承担思量不周的后果。

2. 无论出于何种原因，交易一方若确实无法继续履约，不得不解约时，应先与交易另一方进行协商、沟通，在商量一致后签署书面的解约协议来确认合同的解除。这样虽不能完全避免违约方的违约责任，但可以及时确认合同状态，避免损失进一步扩大。万万不可像本案中的小张一样，放任自己违约，不做任何补救，让合同处于既不能履行，也不能解除的尴尬境地，导致守约方的损失不断扩大。

小贝普法

什么样的合同是有效的？

在房产交易中，只要购买方和出售方都是认知正常的成年人，双方都有真实的购房或售房的想法，在交易过程中遵守法律法规，没有为损害他人利益而弄虚作假，在这样的情况下签订的房屋买卖合同就是真实有效的。合同通常一经签订即生效，双方不能再找任何借口拒绝购房或售房，否则就会构成违约。

关联法规

《民法典》

第一百四十三条　具备下列条件的民事法律行为有效：

（一）行为人具有相应的民事行为能力；

（二）意思表示真实；

（三）不违反法律、行政法规的强制性规定，不违背公序良俗。

第一百四十四条　无民事行为能力人实施的民事法律行为无效。

第一百四十六条　行为人与相对人以虚假的意思表示实施的民事法律行为无效。

以虚假的意思表示隐藏的民事法律行为的效力，依照有关法律规定处理。

第一百五十三条　违反法律、行政法规的强制性规定的民事法律行为无效。但是，该强制性规定不导致该民事法律行为无效的除外。

违背公序良俗的民事法律行为无效。

第一百五十四条　行为人与相对人恶意串通，损害他人合法权益的民事法律行为无效。

专题三十三

签约须守信，履约诚可贵，违约要担责！

诚信守法是我们每个人都知晓的行为准则，签了合同就要履行，更是不言自明的至简道理。但实际上，在房屋交易场景中，因为价格涨跌、交易安排等因素的影响，买卖双方签约后可能因为现实利益不及预期，觉得大失所望，而做出拖延履行甚至反悔解约的选择。

本专题希望通过以下案例，提示交易双方在签署买卖合同前，慎重评估自身情况及交易条件。买卖合同的签署标志着双方权利义务关系的正式确立，签约后因为不足预期而反悔违约的，将承担违约责任。

案例一

装病拖延逃避义务，这可不是不可抗力！

2021年2月，小张购买小李的房子作为婚房，双方签订了房屋买卖合同，约定成交价为2730000元。其中定金80000元，首付款740000元，剩余款项小张通过公积金与商贷组合贷款的方式进行支付。合同签署后，小张与小李在中介方的指引下，一起办理了网签手续。

网签后，小李提出，希望小张先支付400000元的首付款给他进行周

专题三十三　签约须守信，履约诚可贵，违约要担责！

转。但当地公积金贷款机构有要求，首付款必须在政府指定的监管账户进行存管，达到解冻条件后才能支付给出售方。因此，小张拒绝了小李的要求。

小李随后又联系小张，说最近发现房子存在漏水情况，需要维修。他已经找维修师傅看过，预估漏水修复费用比较高，希望小张可以分摊30000元。小张一听，心想房子漏水应该由出售方进行修复，本来就该出售方出的钱，却要我分摊，这是变着法儿想涨价吧。小张认为小李的要求不合理，再次拒绝了小李。

小李接连碰了两次壁，心里很不高兴，但他不露声色，只对小张说：那这样吧，既然房子漏水了需要修复，那么我就把时间精力都放在维修上，争取早点修好，免得问题越来越严重。等房子完全修好了，咱再说继续交易的事儿。

几天后，小张拿到了银行同意发放商业贷款的批复，下一步需要小李陪同，两人一起到公积金中心签署公积金贷款申请文件。小张联系小李约面签的时间，可发出去的消息总是石沉大海，得不到小李的正面回复。每当小张提到公积金贷款的事儿，小李要么推说盯着师傅修复漏水区域没时间，要么推说他腰部突发疾病实在动不了。小张又提出要看看房子的修复情况，小李倒是及时现身了，但期间只要提到让他配合贷款的事儿，小李就顾左右而言他，或者干脆找借口抽身离开。

见小李如此推三阻四，拒绝推进贷款流程，小张很是气恼。多次沟通之后，他预感房子过户的心愿怕是要泡汤，只觉心力交瘁，忍无可忍之下，将小李告上法庭，要求解除房屋买卖合同，并由小李双倍

· 277 ·

返还定金。

法庭上，小张痛斥小李出尔反尔，小李却理直气壮地表示自己并没有违约。小李提到：为了修复房子漏水问题，他找了多家维修机构对比方案，修复期间，尽管他腰部不适，需要多次进出医院治疗，仍然全程跟进施工，可谓尽心尽力；他没有配合小张前往办理公积金贷款手续，并不是他本人不愿意去，而是腰部突发疾病，属于不可抗力①，合同也应当就此顺延。小张不顾他的身体情况，强行要求他推进交易，实在是强人所难。基于此，小李也要求解除合同。

法院综合双方的陈述，又结合双方微信聊天记录的沟通情况、小李的就诊记录等证据，最后认定：小张在起诉前曾多次和小李协商，涉及房屋修复的事小李也都亲自参与，可以推断，小李的身体状况并没有严重到足以影响交易手续办理的程度。房屋修缮是出售方的义务，修复漏水和公积金面签并不冲突，实际上，小李是以修缮房屋为由拖延履行合同，小李的行为已经构成违约。据此，法院判令解除房屋买卖合同，小李双倍返还定金160000元。

小李不服，向上级法院提起上诉，二审法院开庭审理后，作出维持原判的判决。

小李以为自己生病，构成不可抗力，就可以顺理成章地拖延履行合同，须知不可抗力仅适用于确实无法预见、不能控制也避免不了的突发情况，一般的小病小痛并不构成不可抗力。退一步讲，即便有房屋漏水、突发疾病等情况，小李作为出售方，也应该想办法及时排除

---

① 不可抗力：不能预见、不能避免且不能克服的客观情况。不可抗力的来源既有自然现象，如地震、台风，也包括社会现象，如军事行动。《民法典》第一百八十条第一款规定，因不可抗力不能履行民事义务的，不承担民事责任。法律另有规定的，依照其规定。

障碍，确保合同顺利履行。小李自以为在与小张斗智斗勇，却没有意识到，这些意气用事的行为在法律上已经构成违约。

案例二

借名买的房，出名人依然有权出售

小张为了孩子读书的事情计划购房，经过多番对比后，看中了小李的房子。2021 年 7 月 28 日，小张和小李在经纪人小王的促成下订立了房屋买卖合同，约定：

房屋交易价格为 850000 元。其中，定金 10000 元，余下房款 840000 元在交易过户前通过第三方资金存管机构进行监管，等过户后再解冻放款到小李名下。双方还约定办理交易过户的时间为次月 15 日。

小张以为一切准备就绪，只要按部就班推进交易就能顺利过户了。没想到，过户的前一天，小李突然发来一条微信说："因为我长期不在本地，不了解市场情况，信息不对称而被经纪人误导，使得我们合同约定的成交价格明显低于市场价，交易显失公平[①]；另外，房子实际是由我父母出资购买，我父母才是真正的产权人，而他们没有在房屋买卖合同上签字，因此，我所签的房屋买卖合同无效。"

小张还没来得及细细琢磨小李的话，手机银行就显示收到小李退还的 10000 元定金。紧接着，小张又收到小李的微信，小李表示他后续不会再继续交易，小张刚要追问，却发现自己的微信已经被小李拉黑，

[①] 显失公平：一方当事人利用自己的优势或者利用对方没有经验，致使双方的权利与义务明显违反公平、等价有偿原则的行为。《民法典》第一百五十一条规定，一方利用对方处于危困状态、缺乏判断能力等情形，致使民事法律行为成立时显失公平的，受损害方有权请求人民法院或者仲裁机构予以撤销。

消息也无法发送。

小李这番迅雷不及掩耳的操作，让小张大感震惊，他马上联系经纪人小王。谁知，小王也被小李拉黑了。两人都无法联系到小李。

签好的合同，说无效就无效了？一脸错愕的小张，感觉自己像被人打了一记闷棍，心里很不是滋味。他立即委托律师向法院提起诉讼，要求小李继续履行合同，并根据律师的意见，申请将全部房款850000元存入法院账户。

庭审中，小李坚持声称房子卖亏了，远低于周边市场价，交易显失公平。另外，房子不是他本人的，是他父母出资购买，只不过登记在他的名下，并提供了购房时的付款凭证、物业家电购买发票等进行佐证。小李的父亲老李也通过公证处出具证言，表明他才是房屋的实际购买人，对房屋的出售有最终决策权，是否卖房子小李说了不算。

法院经过仔细审查后认定：房屋虽然是小李父母出资购买，但登记在小李名下，小李是法律意义上的房屋产权人，小张作为购买方，有理由相信小李有权出售房屋，小张与小李所签署的合同合法有效；合同各项条款也是双方自愿协商一致后达成的，小李主张房屋成交价格明显低于市场价没有依据；小张已经将全部购房款存入法院，应当视作小张履行了全部付款义务，小李也须按照合同的约定履行过户义务。

最终，法院判决合同继续履行，小李须配合小张进行过户，并向小张支付迟延履行的违约金30000元。

借名买房是生活中常见的情况，它指的是实际出资人（通常是真正的购房者）出于某种原因（如规避购房政策、贷款限制或其他个人因素），使用他人的名义（出名人或登记权利人）来购买房产。当双方对借名买房的事项产生争议时，法院往往会综合考虑各种因素来明确双方的权利义务，这些因素可能包括：双方之间的书面或口头约定、购房资金的来源和流向、房产的实际占有和使用情况等。然而，需要特别注意的是，尽管实际出资人与出名人之间可能存在内部约定，但这些约定对不知情的第三人并不产生影响，从法律角度来看，房产登记在出名人名下，因此出名人有权对其进行处置。

本案中，小李对已经谈妥的房屋售价不满意，认为自己卖亏了，于是剑走偏锋主张自己仅仅是出名人，不是实际出资人，继而无权售卖房屋，就属于对上述内容的误读。

案例三

卖了房还想加价，你可别给自己找理由了！

2020 年 10 月 24 日，小张决定买下小李的房屋，并与小李签署了房屋买卖合同。合同约定：

房屋成交价为 2600000 元。小张需在签约当天支付定金 80000 元；在过户前 3 个工作日内，通过资金监管的形式支付首付款 1220000 元；剩余 1300000 元的尾款，小张向银行申请商业贷款进行支付。

签约时，房产登记显示房子为小李单独所有，但为确保顺利签约，在经纪人小王的建议下，小李提供了配偶出具的同意出售声明（实际上该同意出售声明为小李自行签署），并将房产证交给小王代为保管。

合同签署后，小张在经纪人小王的指引下，积极向银行申请办理贷款。银行收到小张的资料后，要求补充小李的婚姻证明，小张于是请小李帮忙补充。小李答复说，因为她的配偶是外国人，且身在国外，婚姻证明文件需要翻译后经过大使馆公证认证才能使用，办理起来可能要费些时间，小张表示理解。

小李又提出因为家庭原因，需要使用房产证原件办理遗嘱公证，向小王借出了房产证。之后小王多次催促小李交还房产证原件，便于办理后续交易流程，但小李始终没有归还。

时间一天天流逝，转眼离合同签订已经过去两个多月。见小李迟迟没有配合办理贷款，也没有交还房产证原件，小张再次通过微信联系小李进行催促。没想到，小李突然提出要加价300000元，还声称如果不答应，她会以自己出售房子没有经过配偶同意为由，终止合同的履行。

小李的突然变卦给了小张当头一棒。小张多次与小李协商，希望继续履行合同，都被小李拒绝。眼看购房梦碎，无奈之下，小张以小李悔约为由起诉至法院，请求法院判决：小李配合办理交易手续，继续履行房屋买卖合同。

庭审中，小李辩解称房子虽然登记在她名下，但她购买房产时已经结婚，交易房屋应属于夫妻共同财产，中介方却误导她无须配偶同意即可出售，因此，她卖房时没有告诉配偶。现在她的外籍配偶明确表示不同意出售房屋，合同无法继续履行。另外，她自己本人一直在积极提供结婚证的公证认证材料，但由于相关部门办事效率低下才无法及时提供，这不是她的错，并非她有意拖延。小张则表示他已经凑齐全部的2600000元购房款，可以全款支付给小李，银行没有批贷已经不构成交易的障碍。

法院经过仔细审理后认定：

1. 交易房屋登记在小李一人名下，小李是法律认可的房屋产权人，签约时小李也出具了配偶同意出售声明书，因此，小张有理由相信小李有权出售房屋，二人签署的房屋买卖合同合法有效；

2. 虽然小李没有及时配合办理按揭贷款，导致批贷受阻，但小张当庭承诺可以一次性付清价款，交易不再存在障碍，小李应当配合小张过户，积极履行出售方的义务；

3. 由于小李的行为导致交易不能正常推进，小李构成迟延履行，需要承担违约责任。

法院最终判决小李继续履行房屋买卖合同，配合小张完成过户手续，并承担迟延履行的违约责任。

案例四

重大变故做借口，悔约不买难卸责

2022年7月25日，小张作为购买方，与出售方小李签订房屋买卖合同，约定房屋成交价为5720000元。合同签订当天，小张向小李支付了80000元定金。

双方约定的付款期限已到，小张却迟迟没有支付首付款。经过小李和经纪人小王的催促，小张在交易微信群里回复，说他家里发生了重大变故，他的母亲突发急病住院，情况危急，近期他需要贴身照顾母亲，无法继续配合交易。他对此感到抱歉，后续会再和大家沟通解约事宜。

小李看到微信也觉得十分痛心，约小王一同前往探视。小张却表示母亲病重需要静养，谢绝了小李和小王的好意，并表示目前他希望心无旁骛专心照顾母亲，其他事情以后再说。

然而，当晚，小王刷微信朋友圈时，却意外看到小张约朋友聚餐庆祝取得车牌摇号的照片。小王觉察不对劲，马上截图转发给小李，小李立即在微信群交易里质问小张什么情况，小张却不予理睬。正当小李追问之际，微信群交易里显示小张已退出群聊。紧接着，小王发现，自己的微信已被小张拉黑。

小李无法接受小张这种强行解约的操作，继续联系小张，希望双方能够协商解决，小张却玩起了失踪，始终不露面。小李不得已，只得向法院提起诉讼，请求法院确认房屋买卖合同已经解除，并判决小张承担房屋成交价款的 20% 作为违约金。

庭审中，面对小李的责问，小张辩解称：合同签署后，他母亲确实突发重病，需要他时刻照顾，短期内不管时间上、精力上，都没有办法再继续配合交易。而且，为了给母亲治病，他支付了一大笔医药费，现阶段对于购房款，他实际已经无力负担。法官让小张提交家中突发变故的证据，小张却闪烁其词，用涉及个人隐私为由搪塞拒绝。

法院经过仔细审理认定：小张主张家中发生重大变故无法交易，但没有提供对应证据进行证明，因此法院不予采信；小张既没有按合同的约定支付购房款，也不配合推进交易手续，已经构成违约。

最终，法院综合合同履行情况、各方过错程度等因素，酌定小张向小李支付违约金 250000 元。

风险提示

在二手房交易中，无论是出售方，还是购买方，都应在签约前慎

专题三十三　签约须守信，履约诚可贵，违约要担责！

重考虑自身情况及成交后的预期利益，做到心中有数。一旦自愿平等地签订了合同，就意味着买卖双方彼此间建立了法律上的约束关系，这份合同不仅是双方意愿的体现，更是法律赋予的庄严承诺，合同双方都应全力以赴，严格履行。小贝在此温馨提示：

1. 作为购买方，签约前需审慎评估自身经济情况能否负担购房款，否则，冲动签约可能引发无力支付、断供等严重后果，构成违约。

2. 在市场经济的环境下，商品房的价格势必会发生阶段性的涨跌，无论是出售方，还是购买方，都应在签约前慎重考虑成交后的利益预期，做到心中有数。一旦签约，切勿贪一时之利，找各种借口阻碍合同的正常履行，甚至企图反悔解约。须知"违约责任"这把法律的利剑始终高悬，时刻提醒我们要对自己的行为负责。

专题三十四
看得见的钱，看不见的骗

房地产交易市场由于涉及大额资金的流转，一直都是一块令违法犯罪分子垂涎的"肥肉"。对于消费者来说，诈骗陷阱无处不在，尤其当交易涉及我国港澳台地区或其他国家时，由于消费者不熟悉各地金融制度的差异，更容易被违法犯罪分子利用。

就像下面案例中的小李，面对不法分子的狡诈手段，因对香港特别行政区金融规则的陌生，几十万元瞬间化为泡影。那么不法分子具体是利用了哪些大众不太清楚的知识进行的诈骗呢？让我们一探究竟。

案例

钱款到账看余额，账面金额不可信！

2023年年末，某中介公司的经纪人小王接到一通电话，来电的人自称是小张，说自己常居香港特别行政区，想在广州给年迈的父母买一套房子，希望小王能够帮助寻找一套合适的房子，并且希望能够尽快入住，价格和付款周期等都不是问题。

小王添加了小张的微信后，一直尽心尽力为小张推荐合适的房子，不断把合适房源的链接分享给小张,很快,小张就表示看上了小李的房子。小王建议小张实地来看一看房,小张则表示自己工作太忙,没有时间看房,希望小王和出售方小李聊一聊,如果小李愿意,自己有能力全款购房,只要能尽快签合同便可。

小王把这件事情告诉了小李,小李自然是非常愿意,毕竟出手阔绰又痛快的买家少之又少,自己的这套房子已经委托中介方出售好几个月了都还没卖出去,如今遇到了如此优质的买家……小李恨不得立刻就和小张签约。

按理来说,小张和小李应该坐在一起,面对面地聊聊房子再签合同,但是小张再次表示自己因为工作分身乏术,而且自己在香港特别行政区定居多年,往来内地需要办理诸多手续,非常不方便,希望能够线上签约。小李同意了。于是,二人通过电子方式签署了房屋买卖合同,房屋成交价为1200000元人民币。

签约之后,小张说自己没有内地的银行卡,自己的银行卡里也没有外汇,只有港元,询问小李自己是否可以直接支付港元。小李常年往返广州、香港特别行政区两地做生意,也有香港特别行政区的银行卡,于是便同意了。

当晚,小李收到了银行发来的短信,显示自己的银行账号收到支票转账1608825港元,折合人民币约1500000元。小李立刻询问小张是怎么回事,小张抱歉地表示,自己转账的时候输错了,多转了约300000元人民币,希望小李能把差额转回来。

小李听后,爽快地把多余的钱款给小张转回去了。

然而两天之后,小李却接到了公安网警的电话,警察告诉小李遭遇了诈骗，公安部门已经立案调查。小李不明所以，自己近期也没有什么高消费，怎么会被诈骗呢？突然，小李想起来自己前两天用香港特别行政区的银行卡给小张转了一笔钱，于是慌忙检查自己银行卡的余额。没想到，银行卡余额显示自己根本没有收到小张支付的房款，反而，自己却实实在在地给小张转了 300000 元人民币。

原来，小张当初支付的款项是以支票转账的方式支付的，按照香港特别行政区的金融制度，支票转账需要对支票资金进行核实，若 24 小时内银行核查付款支票的支票账号资金不足以支付，或者付款人撤回的，银行便不会放款。付款人支票转账后，银行确实会给收款人发送一条支票转账短信，但这则短信只是表示银行收到了支票，而不是代表资金到账了。若银行核对无误，且付款人没有撤回，24 小时后，银行会再另外发送短信通知资金到账。

小李并不清楚香港特别行政区的金融规则，误以为收到的支票转账信息就是资金到账的信息，也没有查看自己银行卡上的真实余额，才会相信小张的说辞，退回所谓的差额。实际上，对方收到小李的转账后就马上撤回了支票（据推测，即使小李不操作转账，相关支票也会在 24 小时内撤回，或者因支票账号资金不足而被银行退票）。

老李和经纪人小王都尝试联系小张，但自然是杳无音讯。公安部门表示，小张是某诈骗团伙中的一员，小李并不是唯一的受害者，该团伙利用大多数人不熟悉香港特别行政区金融规则这一点，大肆作案，已获得上百万元的不法收入。

小李做梦也没想到这种事情会发生在自己身上，自己的疏忽竟然给了犯罪分子可乘之机，给自己造成了如此大的伤害。小李捶胸顿足，悔恨交加，但事到如今，也只能等待公安部门早日将犯罪分子捉拿归案。

风险提示

除了上述案例之外，不法分子可能还会以其他方式进行诈骗。

诈骗分子使用港澳地区电话号码（一般以 00852、00853 数字开头）冒充购房客户，谎称账户内只有外币，需要协助兑换成人民币，并承诺会支付高额费用，引诱受害者进行兑换，并利用金融制度差异提供汇款截图等信息以骗取兑换人信任，让受害者误以为收到对方款项后，放心给诈骗分子打款，而诈骗分子收到打款之后立即将汇款撤回并失联。

小贝建议广大消费者：

1. 不要相信"天上掉馅饼"，买房或卖房太容易都可能是因为有人布局。

2. 收款后，一定要立刻查询银行账户的可用余额情况，确保资金实际到账。若遇到境外金融机构结算资金的，务必了解清楚相关地区的金融制度。

3. 建议通过正规、有公信力的存管机构支付购房款，最大限度确保资金安全。

图书在版编目（CIP）数据

安家：99个故事教您买卖二手房 / 贝壳找房编著.
北京：中国法治出版社，2025.3. -- ISBN 978-7-5216-5108-9

Ⅰ.D922.385

中国国家版本馆CIP数据核字第2025P13R35号

责任编辑：王雯汀　　　　　　　　　　　　　　　封面设计：周黎明

安家：99个故事教您买卖二手房
ANJIA: 99 GE GUSHI JIAO NIN MAIMAI ERSHOUFANG

编著/贝壳找房
经销/新华书店
印刷/三河市紫恒印装有限公司
开本/710毫米×1000毫米　16开　　　　　　　印张/ 19　字数/ 192千
版次/2025年3月第1版　　　　　　　　　　　2025年3月第1次印刷

中国法治出版社出版
书号 ISBN 978-7-5216-5108-9　　　　　　　　　　定价：89.00元

北京市西城区西便门西里甲16号西便门办公区
邮政编码：100053　　　　　　　　　　　　　　传真：010-63141600
网址：http://www.zgfzs.com　　　　　　　　编辑部电话：010-63141740
市场营销部电话：010-63141612　　　　　　　印务部电话：010-63141606

（如有印装质量问题，请与本社印务部联系。）